KB254156

비즈니스
소울메이트

결정적인 순간에 나를 이끌어주는

비즈니스 소울메이트

초판 1쇄 인쇄 2011년 12월 5일
초판 1쇄 발행 2011년 12월 16일

지은이 장지훈
펴낸이 김선식

1st Creative Story Dept. 박경란, 김선미, 신현숙, 김희정, 양지숙, 이 정, 송은경
Creative Design Dept. 최부돈, 황정민, 김태수, 박혜원, 박효영, 손은숙, 이명애
Creative Management Team 김성자, 송현주, 권송이, 김민아, 김태옥, 류수민, 윤이경
Creative Marketing Dept. 이주화, 원종필, 임광문, 신문수, 백미숙
       Communication Team 서선행, 김선준, 전아름, 이예림
       Contents Marketing Team 이정순, 김미영

펴낸곳 (주)다산북스
주소 서울시 마포구 서교동 395-27번지
전화 02-702-1724(기획편집) 02-703-1725(마케팅) 02-704-1724(경영지원)
팩스 02-703-2219
이메일 dasanbooks@hanmail.net
홈페이지 www.dasanbooks.com
출판등록 2005년 12월 23일 제313-2005-00277호

필름 출력 스크린그래픽센터 **종이** 월드페이퍼(주) **인쇄·제본** 영신사

ISBN 978-89-6370-706-8 03320

비즈니스 소울메이트

장지훈 지음

다산라이프

평생 사람을 사귄다는 것과
비즈니스를 한다는 것

현실 생활의 문제점이나 고민거리는 누구나 가지고 있다. 그중 대부분은 자신이 운영하는 사업이나 직장, 가정에서 나오는 일이지만, 자신의 미래에 대한 걱정, 소득 문제 등도 있다.

이런 고민을 스스로 해결할 수 있으면 다행이지만, 아무리 능력이 뛰어나고 자기 분야의 전문가라도 일상에서 일어나는 문제를 모두 다 직접 해결할 수는 없다. 따라서 생활 주변에서 일어나는 일이나 사업상의 문제가 생길 때마다 내게 도움을 줄 수 있는 조력자를 찾아나서는 것이 보통 사람들의 현실이다.

이때 나를 도와주기에 적합한 사람이 내가 아는 사람이면 더할 나위 없이 좋지만 항상 그럴 수는 없다. 그게 아니면 몇 다리를 걸쳐서 도움의 손길을 찾아내야 한다.

마침내 나를 도울 수 있는 사람이 나타나면 우리는 자기 자신의 고민거리나 용건을 털어놓게 되는데, 절박하고 긴급할수록 상대방이 묻지 않아도 자기가 처한 상황을 자세하게 설명하면서 마음을 열어 보이게 된다.

나는 2000년부터 지금까지 한 모임을 주도해왔다. 63빌딩에서의 첫 만남이 인연이 되어 자연스럽게 '63모임'이라고 이름을 지었다. 이날 모임에 참석한 사람들은 내가 보낸 메일이나 전화를 받고 나왔다. 나는 그들에게 "서로 돕고 의지하면서 평생을 함께할 수 있는 모임을 출범시켜 보자"고 제안한 것이다. 나아가 기왕이면 마음 맞는 사람들이 모여서 좀 더 많은 인맥과 정보를 체계적으로 공유한다면 사업적인 이익은 물론이요 인간적인 유대도 강화되어, 궁극적으로는 참여자 간의 서로 돕는 관계로 발전하는 이상적인 교류의 장이 될 것으로 판단했다. 왜냐하면 당시 나는 나의 잠재된 문제나 당면한 현안을 상대방에게 보여주고 협의하는 과정에서 상호 간의 경험과 지식, 인맥과 정보를 공유해 문제가 해결되는 경험을 여러 번 했기 때문이다.

약 40여 명이 되는 사람들은 나와 막역한 사이였으므로 꼭 사업적인 필요 때문이 아니라 개인적인 친분에 이끌려 나온 사람도 꽤 있었다. 다들 바쁜 사람들인데 메일 한 통으로 나와 주었다는 건 '평생 서로 돕고 의지할 수 있는 모임을 만들어보자'는 취지에 공감했다는 것이다.

인맥의 중요성은 누구나 알고 있지만, 평소에 적극적으로 인맥을 만들고 활용하는 사람은 드물다. 구체적인 필요성이 생겼을 때만 거기에 해당하는 인맥을 찾게 되는데, 그렇게 해서는 적시에 딱 맞는 사람과 연결되는 게 쉽지 않다. 때문에 언제든지 서로의 인맥을 활용할 수 있도록 휴먼 네트워크를 형성하는 것이 중요하다. 이것이 바로 오프라인 소셜 네트워크의 출발이었다.

1999년 나는 십여 년간 몸담았던 대우그룹을 떠나 국내 벤처기업 1호라 부르는 주식회사 비트컴퓨터로 직장을 옮겼다. 처음으로 기획실을 맡았지만 실제로는 기획 업무를 포함해 다양한 사업 분야에 관계했다. 당시 비트컴퓨터는 여러 다른 벤처기업에 투자를 했으며, 많은 신생 벤처기업과 개인 투자자들이 자신들이 준비한 사업 아이템에 대해 투자와 협력을 요청하며 우리 회사로 몰려오기도 했다. 부동산 개발 사업, 유전자 검사 사업, 텔레메틱스 사업, 의료정보 사업 등 그 내용은 매우 다양했으며, 사업을 제안해온 사람들도 다양했다.

나는 일하는 틈틈이 제안 받은 사업 계획서들을 읽으며 우리 회사와의 관련성을 찾아내거나 투자 법인과 관련된 사업 거리를 찾아내어 필요하면 투자를 하고, 아니면 사업 제휴를 이끌어내 회사와 비즈니스를 연결 짓고는 했다.

나는 이 과정에서 언뜻 보기에 서로 관련성이 없어 보이는 사업들이 사실은 서로 밀착되어 있다는 것을 알게 되었고, 시간이 지날수록 표면적으로 연관성이 없어 보이는 비즈니스 간의 연관성을 찾아내는 일에 익숙해졌다. 이것의 핵심은 바로 '숨겨진 사실', '모르는 사실'을 알아내는 것이었다. 나는 주변 사람들에게 내가 가진 상황이나 조치할 수 있는 수단을 적나라하게 설명하면서 처리할 수 있는 방법에 대해 의견을 구했다.

그리고 나중에는 숨겨진 사실로부터 문제를 풀 수 있는 단서를 찾아내서 일종의 '비즈니스 짝짓기', '인맥과 정보의 짝짓기'를 하는 것이 아예 습관이 되었다. 전혀 다른 일들 간의 연관성을 교묘히 찾아낸 경우에는 신대륙이라도 발견한 듯 들뜬 기분에 사로잡히기도 했다. 아르텐티나의 작가 보르헤스가 말한 "모든 것은 모든 것에 잇닿아 있다"는 명언을 확인하는 순간이기도 했다.

되돌아보면 어느 덧 오프라인 소셜 네트워크인 63모임이 출발한 지 12년이 되어간다. 비즈니스가 성사되는 것도, 인간관계가 발전하는 것도 가장 기본적인 출발점은 자신이 갖고 있는 경험이나 지식을 상대방과 공유하려는 오픈마인드 자세이다.

나는 지금도 열린 자세로 당면한 일들을 처리함으로써 거의 대부분의 일에서 성과를 거두고 있다. 내가 부족한 것, 내가 필요로 하는 것은 상대방이 가지고 있다. 오픈마인드의 자세로 정보 공유를 하면 대부분의 일들이 성사된다. 하지만 대부분의 사람들이 자신을 남에게 공개하는 '자기 공개'나 자신이 가지고 있는 정보를 남과 공유하는 데 서툴다. 아니 자기 공개에는 인색하면서 남의 인맥과 정보를 가져다 쓰는 데에만 노력하는 것 같아 안타깝다.

그런데 페이스북이나 트위터 등 최근 쏟아져 나오는 소셜 네트워크 서비스나 소셜 미디어를 보면서 나는 자기 공개를 통한 정보 공유의 중요성을 더더욱 강조하지 않을 수 없다. 페이스북이나 트위터 등에도 회원으로 가입할 때 사진, 학력, 경력, 취미, 전화번호, 이메일 주소, 심지어는 혈액형까지 공개하도록 한다. 이는 회원들 간의 정보 공유와 비즈니스 연결을 장려한다는 것이다.

이 책의 전반적인 내용은 오프라인에서 소셜 네트워크를 통하여 자신의 문제를 풀어간 전작《롱런관계》를 시대 흐름에 맞추어 일부 보완했다. 나아가 요즘 많은 사람들이 이용하는 트위터, 페이스북 등 온라인 소셜 네트워크에 대한 나의 견해를 새롭게 추가했다. 진정성을 가지고 자신의 마음을 열어 보이는 것, 자신의 정보와 인맥을 상대방에게 펼쳐 보이는 것이 인간관계에서, 그리고 비즈니스 관계에서 상대방과 네트워킹하고 자신의 문제를 풀어가는 데 얼마나 유익한지를 독자들과 나누고 싶다. 남의 것을 가져다 쓰기보다는 먼저 내가 가진 것을 보여주고 가져가게 하라는 것이다. 이것이 소셜 네트워크의 시작이며 끝이다.

책을 다시 출간하며 고마운 마음을 전하고 싶은 사람들이 있다. 바로 나의 인맥이다. 평소 일상에 쫓겨 다 나누지 못한 이야기를 이 책을 통해서 함께 나누고자 한다. 지난 12년간 주말 없는 가장으로 지내왔음에도 항상 나를 믿어주며 함께해준 가장 든든한 후원자, 예쁜 아내 혜정에게 미안함과 고마운 마음을 함께 전한다. 또한 나의 첫 졸저

《롱런관계》의 출간에 이어서 당시 못 다한 이야기를 독자들과 한 번
더 나눌 수 있도록 기회를 마련해준 다산북스 김선식 대표에게 감사
드린다.

장지훈

차례

CHAPTER 1

모든 관계의 시작점,
오픈마인드

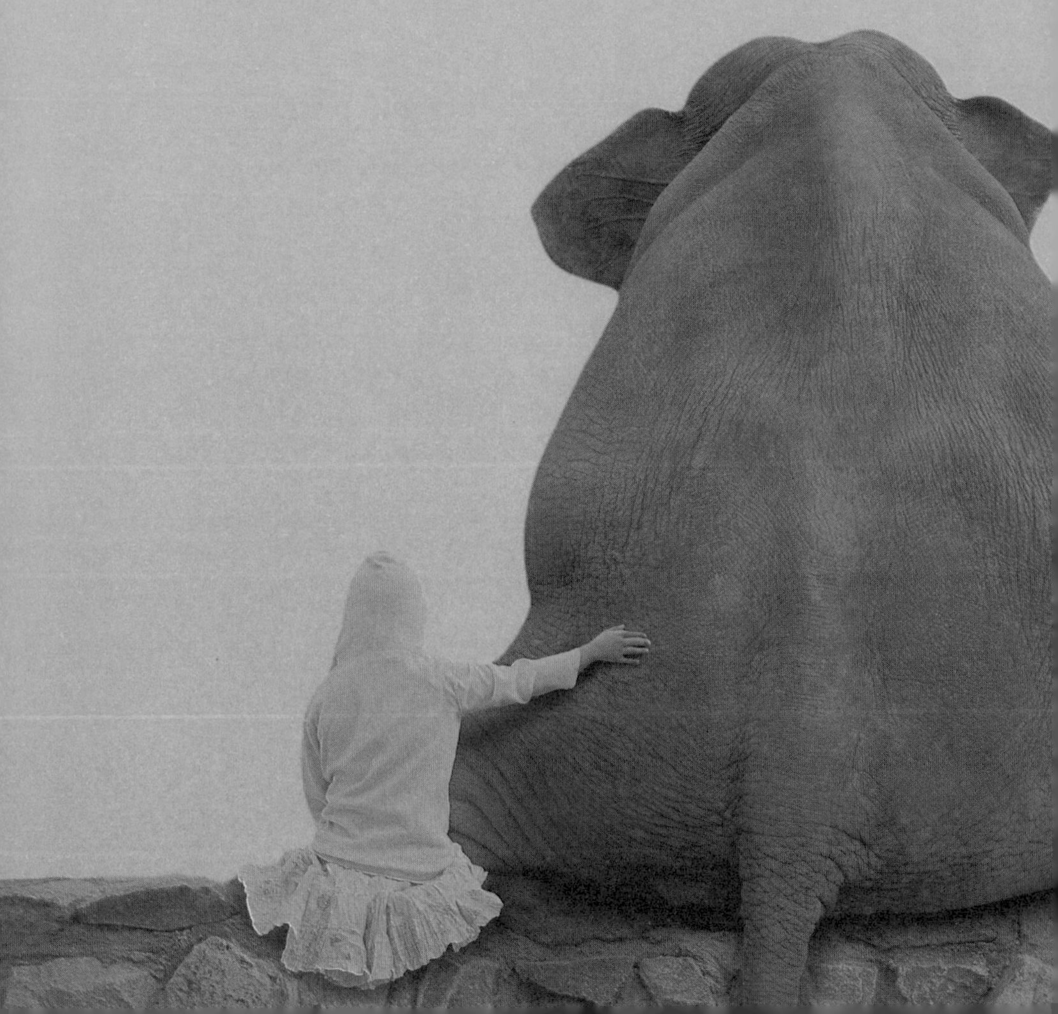

페이스북에서 많은 사람을 사귀기를 바라면서
정작 자신의 얼굴 사진 하나 볼 수 없게 한다면
사람들은 어떤 반응을 보일까?
스마트폰의 카카오톡에서 상대방 이름이 '알 수 없음'으로 뜨고
사진조차 안 보이는 사람이
"안녕하세요, ○○ 회사 다니시죠?"라고 말을 걸어온다면
당신은 어떻게 하겠는가?
돈독한 관계를 만들고 지속해나가는 사람들의 공통점은
자연스럽게 자신을 열어 보이는 오픈마인드를 가졌다는 것이다.
자신은 드러내지 않으면서 상대가 가진 정보만
알아내려 한다면 일방적인 사람으로 간주해,
공적으로든 사적으로든 어떤 사소한 정보나 인맥도
쉽게 보여주려 하지 않을 것이다.
혹시 내게 불이익이 오지 않을까 염려하기 때문이다.
자신에 관한 정보를 공개하는 데 적극적으로 나서는 것.
이것이 인간관계도 더 돈독해지고 사업적인 이익도 얻어가는,
최고의 방법이다.

숨은 정보와 신뢰를 얻으려면 나를 공개하라

친구나 선후배와 대화를 하다 보면 누구나 현실생활에 문제점이나 고민거리를 가지고 있다는 것을 깨닫게 된다. 주로 사업이나 직장, 가정에서 발생하는 일이지만, 미래에 대한 걱정, 소득 문제 등 개인적인 고민도 있다.

우리나라 사람이 크고 작은 고민을 하나씩만 가지고 있다고 해도 그 수는 인구수만큼은 될 것이다.

예를 들어 새로 이사한 동네의 괜찮은 어린이집이 어디인지, 실력 있는 선생님이 가르치는 학원은 어디인지, 골프를 배우고 싶은데 시간과 비용을 낭비하지 않고 빨리 배울 수 있는 방법은 없는지, 신상품을 홍보하고 싶은데 광고비나 마케팅 비용에 한계가 있을 때 등등 혼자서 모든 고민을 다 해결하기는 어렵다. 아무리 능력이 뛰어나고 자기 분야에서 전문가로 통하는 사람이라도 일상에서 일어나는 온갖 문제를 일일이 직접 해결할 수는 없는 노릇이다.

생활 주변에서 일어나는 일이나 사업상의 문제가 생길 때마다 내게 도움을 줄 수 있는 조력자를 찾아나서는 것이 보통 사람들의 현실이다. 이때 나를 도와줄 수 있는 사람이 직접 아는 사이라면 좋겠지만 항상 그렇지는 않다. 가끔은 한 다리, 두 다리 혹은 세 다리를 건너 도움의 손길을 찾아야 한다.

드디어 나를 도울 사람과 마주하면 고민거리나 용건을 털어놓게 되는데, 상황이 절박하고 긴급할수록 상대방이 묻지 않아도 자신이 처한 상황을 구구절절 설명하며 마음을 열어 보인다.

나도 여느 사람들과 마찬가지로 고민거리가 있고, 그럴 때면 주변 사람에게 도움을 청한다. 혼자 힘으로는 문제를 해결할 수 없기 때문이다. 문제 해결에 도움이 되는 인맥이 필요하고, 좀 더 크게는 훌륭한 인맥 네트워크가 필요하다.

인맥의 형성이나 인맥 네트워크의 구성을 위해서는 우선 서로를 구체적으로 알아야 한다. 내가 어떤 일을 하는지, 사업상 필요로 하는 것이 무엇인지, 내가 남들에게 기대하는 것과 도움을 줄 수 있는 게 무엇인지를 알아야 서로 도움을 주고받는 윈-윈win-win이 가능하다.

12년 전 가깝게 지내는 사람들에게 "인맥과 정보를 공유하여 어려움에 처했을 때 서로 돕고 협력해보자"고 제안하여 오프라인 소셜 네트워크 모임을 만들었다. 첫 모임을 가진 날 제일 먼저 자기소개 시간을 갖기로 했다. 이미 서로 아는 사이도 있었지만, 모임의 취지에 맞는 좀 더 구체적인 이야기가 오가기를 바랐다.

서로를 잘 알아야 구체적으로 협력할 수 있기에 대충 '소개'하기보다는 '공개'에 가까운 말들이 나오기를 바랐다.

물론 처음 만나는 자리에서 자기를 다 열어 보인다는 건 쉬운 일이 아니다. 아니나 다를까, 소개가 시작되자마자 우려했던 점이 나타났다. 사람들은 마치 입이라도 맞춘 듯 거의 비슷한 방식으로 자신을 소개했다.

나는 어떤 회사에 다니는 아무개이며, 그 회사에서 무슨 일을 하고 있고, 직책은 무엇이다. 오늘 이 자리는 사회자의 소개로 나오게 되었는데 취지가 매우 좋은 것 같다. 앞으로 여러분들과 함께 좋은 인연을 맺고자 한다.

대부분의 사람들이 이 틀에서 벗어나지 않았다.

나는 중간에 끼어들어 자기소개보다 더 구체적으로 '자기 공개'를 해달라는 취지로 다음과 같은 이야기를 들려주었다.

"얼마 전에 Y대학에서 원로교수로 계신 김 교수님을 만났습니다. 그분은 저와 10년 넘게 연배가 차이 나지만 사회에서 만나 알고 지냈고, 시간을 두고 교류하면서 친분을 쌓았습니다. 나는 그분이 대학교수라는 사실 외에는 별로 아는 것이 없었지만 어느 날 그분 사무실을 찾아가 차를 마시며 이야기를 나누게 되었습니다. 그때 그분이 한국-미얀마 친선협회를 운영하면서 미얀마의 여러 정부 관리와 인맥이 있다는 것을 알게 되었지요.

그래서 나는 우리 회사의 해외시장 진출에 관해 그분의 도움을 받을 수도 있지 않을까 해서 의견을 나누었고, 후에 미얀마에서 사업을 하려는 후배를 소개해주기도 했습니다.

여러분이 듣기에 아주 간단한 이야기 같지만 제가 그분이 그런 협회를 운영하는 줄 몰랐다면 그런 사업적인 제안을 할 수 없었을 겁니다. 나의 정보를 제공한다는 것은 당사자 입장에서는 큰 의미가 없을지 몰라도 그것을 활용하려는 상대방에게는 매우 중요한 단서가 됩니다.”

이어서 다음과 같은 일화도 들려주었다.

사회적으로 다양한 분야에 인맥을 가지고 있는 또 다른 교수와 대화를 나누던 중 그분의 인맥이 궁금하여 가지고 있는 명함 전부를 보여줄 수 있느냐고 물었다.

너무 노골적이고 약간 의아해할 수 있는 요청이었음에도 그 교수는 흔쾌히 명함을 보여주었다. 그런데 명함을 전부 보여주지 않고 직접 추려내어 일부만 건네주었다. 명함이 워낙 많다 보니 내 시간을 절약해주려고 그랬던 것 같다. 내가 원한 건 그게 아니었지만 일단 그 명함들을 살펴보았다.

예상대로 그분 직업과 관련된 교육기관이나 산하단체의 종사자 등 내가 이미 짐작할 수 있는 교육계와 학계 사람들의 명함이었다. 그런 쪽의 인맥이라면 일부러 명함첩을 보자고 할 필요는 없었다.

그래서 따로 치워놓은 명함을 보여달라고 했다. 거기엔 술집 마담의 명함도 있을 수 있고, 사건 사고로 신세 진 변호사의 명함이 있을 수도 있다. 그 교수와 지속적으로 관계를 맺고 있는 사람들은 아니다. 하지만 일회적으로 보이는 그 인연이 나중에 어떤 인연으로 다시 이어질지는 아무도 모르는 일이다. 인맥이란 이미 잘 아는 사이뿐만 아니라 사소한 만남에서 시작되기도 하는 법이기 때문이다.

나는 그날 모임에서 길게는 30년 이상 관계를 맺으며 신의를 쌓아온 나의 인맥을 자연스럽게 공개했다. 인맥이야말로 가장 큰 자산이므로 나로서는 자산 목록 공개인 셈이었다. 나의 자산 공개를 계기로 서로의 인맥 자산들이 공유되고 활용되기를 바랐다.

내 마음이 통했는지 회원들은 훨씬 상세한 자기소개, 시시콜콜하게 들릴 수도 있는 신변 이야기까지 공개했다.

하지만 아쉽게도 대부분의 회원들이 속마음을 좀체 보이지 않았다. "나 이런 문제로 힘들고 고생하고 있으니 도와달라"고 토로하는 사람은 단 한 명도 없었다.

그날 나는 자기를 낱낱이 공개한다는 게 얼마나 어려운 일인지 새삼 실감했다. 뭔가 원하는 바가 있어서 모임에 나왔을 터인데 끝내 자신을 감추고 언제일지도 모르는 훗날을 기약해야 하는가 하고 무척 아쉬웠다.

물론 이해가 되기는 했다. 처음 만나는 자리에서 어느 누가 자기 속을 다 보이겠는가. 나이나 사회적 위치가 중견에 이른 그들로서는 너무 상세한 자기소개는 품위를 떨어뜨리는 일이라고 생각했을지도 모른다.

모임이 끝난 후 대부분의 사람들이 이날의 모임을 긍정적으로 평가했다. 여느 모임보다는 좀 더 솔직한 공개가 이루어진 건 틀림없었고, 그 덕분에 회원들 간의 신뢰도 높아졌다.

내 것을 먼저 보여주면 두 배로 돌아온다

첫 모임이 끝나고 회원들로부터 전화가 걸려왔다.

"장형, 그날 모임 회원 중에 민자역사 개발사업을 하는 분 계셨잖아. 내가 그분한테 건설사를 추천하려고 하는데 괜찮을까?"

"선배님, 우리 아이템을 창업투자회사 김 이사님께 소개해드리고 기회가 된다면 투자를 받으려고 하는데 좀 도와주세요."

"장 실장, 그날 CRM을 하는 업체가 있던데, 그 CRM을 가져다가 조금만 보완하면 팔 곳이 있을 것 같아. 그러니 주선 좀 해주게. 그리고 자네 회사도 CRM 솔루션에 관심 있지?"

이런 식으로 사업 연결이 자연스럽게 이루어지면서 사람들은 정보 공개가 어떤 식으로 발전하는지 스스로 실감했다.

이후 회원들은 무언가 걸린 문제가 있을 때마다 문제를 해결해줄 적임자로 나를 떠올렸다. 전화와 이메일로 문제점과 애로 사항을 소상히 밝히면서 집으로 또는 회사로 나를 찾아오곤 했다.

때로는 다른 회원들의 잠재적인 역량, 지식이나 정보, 인맥을 활용해보자면서 자신이 하고 있는 공적인 일들에 관해 이야기를 꺼내기도 했다. 예를 들면 투자 유치를 추진하는데 어떤 조건으로 추진해달라는 비교적 구체적이고도 비밀스러운 이야기들이었다.

나중에는 사적인 일로도 확대되어 집안 대소사에 관한 도움을 주고받을 정도가 되었다. 예를 들면 부친이 서둘러 수술을 받아야 하는 상황인데, 특정 병원을 지목하면서 예약할 때 편의를 구할 방법이 없느냐는 등 내가 묻지도 않은 요구 조건들을 공개하면서 도움을 요청하게 된 것이다.

부산에 있는 한 회원은 건물 매각을 위해 부동산 업자도 아닌 나에게 상세한 정보를 제공하며 도움을 요청했다. 그가 가까운 부동산에 의뢰할 줄 몰라서 서울에 있는 나에게까지 협조를 구했겠는가? 그 회원은 나를 포함한 불특정 다수 회원들에게 자신의 의사를 공개해달라고 요청하는 것이 좋은 조건으로 건물을 매각할 기회를 얻는 효과적인 수단임을 알고 있었던 것이다.

회원들은 많은 인맥과 정보가 열려 있는 공간에서 정보를 공개하는 것이야말로 내가 필요한 것을 얻어내는 중요한 수단이며, 사람들에게 효과적으로 어필한다는 것을 깨달았다.

사람을 만나서 대화를 하고 공감대를 형성하는 과정에서 상대가 나를 활용해도 좋다는 의사 표시를 하는 데에는 특별한 기술이나 요령이 필요하지 않다.

만일 대화 내용이 잘 아는 주제이고, 내 주변의 일이나 사람과 연관 지을 수 있는 것이라면, 대화의 깊이를 더하면서 자신이 가진 정보와 인맥을 슬쩍 흘려보라.

나는 평소에 출판업의 생리나 출판업계의 구조와 관행을 잘 아는 사람이 아니었다. 이 책을 쓰는 것을 계기로 출판사 방문도 생전 처음하게 되었다.

그럼에도 불구하고 나는 내 책의 출간을 준비하면서 다른 저자를 출판사에 소개해주었고, 출판사는 새로운 출간 아이템을 얻게 되었다.

사실 이치는 간단하다. 나는 처음으로 출판사 사장과 편집자들을 만나면서 그 출판사의 사업 영역을 물어봤고, 해당 출판사가 교육 분야의 별도 브랜드를 가지고 있다는 것을 알았다. 출판사 입장에서도 대답하기 어려운 무거운 주제가 아니었다고 생각했고 나도 출판사란 곳에 처음 방문했으니 궁금한 것을 가볍게 물어본 정도였다.

그런데 얼마 전 내가 알게 된 분이 한국교육미술협회장의 직함을 가진 미술사이고 책을 출간한 적이 있다는 이야기를 들은 바 있었다. 그래서 나는 들은 정보만을 가지고 둘을 연결시켜 줌으로써 윈-윈하는 사업적 결실을 쉽게 이루어냈던 것이다.

사실 이 정도의 정보와 비즈니스 네트워킹은 새로울 것도 없는 간단한 것이다.

자신의 요구 사항을 스스럼없이 말하는 습관, 자기가 전달받은 요구 사항을 스스럼없이 필요한 곳에 전달하는 습관. 이것이야말로 인간관계의 확대 발전을 원하는 사람이라면 꼭 몸에 익혀야 할 중요한 습관이다. 어떤 식으로든 나에게 도움을 줄 것 같은 이에게 사람들은 몰려드는 법이다.

그러니 부지런히, 기회가 닿는 대로 자기가 가진 정보와 인맥을 열어 보여야 한다. 그것만으로도 정보의 바다에 당신을 띄워놓는 것이고, 그 정보는 그것을 필요로 하는 누군가에게 흘러들게 돼 있다. 사람들은 당신의 말을 결코 잊지 않는다. 당신이 가진 정보를 많이 공개해둘수록 그것들 중 하나가 어느 날엔가 사업이 되고, 매출이 되고, 소득이 되어 당신에게 되돌아올 것이다.

자신을 쉽게
내보이지 못하는 이유

자신에 관한 정보를 공개하는 것이 처음부터 쉬운 것은 아니다. 지금도 망설여지는 것은 별반 다르지 않다. 하지만 내가 12년 동안 체험한 사실은 자신을 공개하는 것이 결국은 큰 도움으로 돌아온다는 확신이다. 이것은 내가 책을 쓸 결심을 하게 된 결정적 동기다.

나는 사람들에게 늘 말한다.

"되도록 자세히, 지금 바로 모든 것을 공개하라!"

터무니없는 이야기로 들릴지 모른다. 사람은 누구나 프라이버시가 있다. 그리고 만남에는 반드시 발전의 단계가 있고, 지속적인 만남을 통해서 신뢰가 쌓였을 때 좀 더 깊이 있는 비즈니스 이야기나 사적인 이야기를 나눌 수 있다.

20~30년 함께 살아온 부부 사이에도 비밀이 있는데, 나의 모든 것을

공개하라니, 그게 말이 되는가?

처음 만난 사람에게 당신이 비밀스러운 이야기를 하거나 비즈니스 상의 중요한 경험과 지식 또는 노하우를 스스럼없이 이야기하면서 상대방과 공동의 사업적 관심사를 찾고자 노력한다면 상대방은 어떤 반응을 보일까?

당신의 공개적인 태도에 대해 너무 격의가 없다고 생각할 수도 있고, 사적인 이야기를 스스럼없이 털어놓는 것을 부담스럽게 느낄 수도 있다. 오히려 그렇게 자기를 드러낸 당신에게 남모르는 흠이나 가십거리를 찾았다고 생각할지도 모른다.

이런저런 이유로 우리는 사람들에게 자신을 감춘다. 특히 처음 만난 사람과는 마치 권투경기의 1라운드처럼 서로가 서로를 탐색할 뿐 좀처럼 속내를 드러내지 않는다.

그러나 한번 생각해보자. 상대는 당신의 이야기에서 어쨌거나 정보를 얻는다. 이 점이 중요하다. 그 정보가 인간적인 것이든 비즈니스적인 것이든, 상대는 당신이 공개하는 정보 가운데 자신이 잘 알거나 관심을 두었던 내용을 기억해둔다. 이것이 정보 연결의 시작이다.

정보에 목말라 있는 사람들

벤처기업 인큐베이팅에 관한 글을 쓰기 위해 한국소프트웨어진흥원

(KIPA. 현재는 정보통신산업진흥원NIPA으로 이름이 바뀌었다)을 방문한 적이 있었다. 관련 부서를 찾아가 내가 무슨 일을 하는 사람인지를 소개하고 글을 쓰고자 하는 취지를 설명하면서 정중히 자료 협조를 요청했다.

그러자 담당자는 흔쾌히 자료를 제공해주었는데, 거기서 그친 게 아니었다. 그 담당자는 소프트웨어진흥원에서 벤처 육성 전문위원을 위촉해야 하는데, 나에게 참여해달라고 거꾸로 부탁을 해오는 것이 아닌가.

나는 단지 자료를 구하기 위해 나의 신상을 공개했을 뿐인데, 마침 벤처 육성 전문위원을 선정하기 위해 적임자를 찾는 입장이었던 그에게는 나의 공개가 꼭 필요한 정보가 되었던 것이다. 내 입장에서는 단지 자료를 협조받기 위해 건넨 신상 공개가 뜻밖에도 벤처 육성 전문위원이라고 하는 공신력 있는 직함을 얻게 되는 계기가 되었다.

자신을 공개한다는 것은 인맥을 확대 재생산하고 예측하지 못한 기회를 포착하는 데 둘도 없이 유용한 방법이다. 내가 매일 보거나 아는 사람들에게도 나의 새로운 모습을 지속적으로 공개하지만, 생면부지의 사람들과 인연을 맺는 방법으로 나는 지금까지 '자기 공개'를 활용해왔다. 독자들도 페이스북이나 트위터 혹은 블로그 등 온라인에 자기소개를 올려본 경험이 있을 것이다. 다시 한 번 살펴보고 좀 더 신경 써서 작성해보길 권한다.

당신이 자신의 인맥이나 정보를 공개하면 대부분의 사람들은 자기와 인연이 맺어질 연결고리를 찾는 데 집중한다. 당신을 해치기 위해 악의의 연결고리를 찾는 데 에너지를 쏟는 사람은 그리 많지 않다. 주민등록번호나 통장 비밀번호를 가르쳐준 게 아닌 이상, 당신이 보낸 정보가 당신을 불리하게 만드는 경우는 별로 없다. 오히려 나중에 어떤 경로를 거쳐 당신이 긍정적으로 검토할 만한 사업적 제안으로 돌아오는 경우가 훨씬 많다.

그렇기 때문에 우리는 자신의 공개에 귀 기울여주는 사람에게 고마워해야 한다. 그 상대는 우리의 말이 끝나는 순간, 또는 내일이나 한 달 후에 생각지도 못한 어떤 특별한 제안을 해올지도 모른다.

나는 처음 만나는 사람 앞에서 많은 이야기를 한다. 실없는 이야기까지 늘어놓으려고 노력한다. 이것은 내가 두터운 인맥을 만들어오는 과정에서 반복적으로 택했던 훌륭한 자기 공개의 방법이라고 생각한다.

지난 수년간 나를 상세히 공개함으로써 곤란을 겪은 적도 있었고, 뜻밖의 이익을 경험하기도 했다. 그런 경험을 통해 분명하게 단언할 수 있는 건, 나를 자세히 공개함으로써 얻은 것이 더 많았고, 잃은 것은 거의 기억도 안 날 정도의 경미한 것에 불과했다는 사실이다.

내가 주로 오프라인에서 자세하게 자기공개를 했을 때 얻을 수 있었던 장점을 말해보겠다.

첫째, 상대와의 인맥 형성을 촉진하거나, 관계를 강화할 수 있는 공감대나 접점을 찾기 쉽게 해주고, 그 연결고리를 늘려준다. 자세한 이야기를 듣는 중에 상대가 고향 선배인 것을 발견할 수도 있고, 학교 선배임을 알 수도 있다. 아니면 옆 동네에 살았거나 축구대회에서 맞붙었던 라이벌 학교의 학생이었을지도 모른다. 이 모든 것이 화젯거리로 충분하다.

나는 이런 공개 방식으로 반가운 인연을 만나기도 했다.

어린 시절 학교 선생님이었던 아버지를 따라 이사를 자주 다녔는데, 그중 한 곳이 '상천上泉'이었다. 상천은 경기도 가평 부근에 있는 작은 산골 마을이었다.

어느 날 넥서스브레인이라는 회사의 조 사장이란 분과 저녁식사를 함께하게 되었다. 이런저런 이야기가 오가던 중에 나는 잠깐 상천에 살았던 이야기를 꺼냈다. 그런데 조 사장이 상천 출신이었다. 거의 40년 전의 어린 추억이 어린 그 시골 마을에서 조 사장도 함께 자랐다니!

그날 조 사장과 옛날이야기에 푹 빠져들었다. 그 후 조 사장과는 격의 없는 친한 사이로 발전했다. 이것은 전적으로 자세히 자기를 공개하는 습관에서 비롯된 일이다. 나를 보여주는 것, 그것이 인연의 시작이다.

둘째, 비즈니스를 도모할 수 있는 시간을 절약해준다. 자신에 대한 정보를 자세히 공개할 경우 상대는 여러 상황에 대해 들음으로써 당신을 더 잘 이해할 수 있다. 그리고 원하는 것과 원하지 않는 것 또는 성향 등을 잘 파악할 수 있게 되어 사업적인 제안이나 접근이 용이해진다.

셋째, 인간적인 유대가 깊어진다. 상세한 공개를 통해 상대가 나의 비밀을 알게 되면 그것을 강력한 연결고리로 활용할 수 있다. 더불어 나역시 상대의 비밀을 알게 되었을 때 유대의 깊이를 더욱 느낀다.

넷째, 솔직함 또는 진솔함을 인정받는 계기가 된다. 형식적인 매너나 상투적인 대화로는 관계의 깊이나 발전을 기대할 수 없다. 특히 양파 껍질 벗기듯 조금씩 자신을 공개하는 '양파 껍질형 인간'에 비하면 상대적으로 솔직한 모습으로 다가갈 수 있다.

양파 껍질형 인간의 문제점은 무엇일까? 나는 업무상 사업 제안을 받는 일이 많다. 사업을 함께 해보자든지, 좋은 사업이니 투자 유치를 해 달라든지 하는 경우를 자주 접한다.

그런 제안을 받으면 일단 검토에 들어간다. 사업 내용은 물론 사업을 제안한 사람의 성품이나 능력까지 다각도로 살펴본다. 즉 사업 전반에 관한 궁금증이 해소되고, 나아가 확신이 서야 사업을 함께 추진하든지 투자를 하든지 결정하게 된다. 따라서 상대방에게 여러 가지 질문하는 과정이 뒤따른다.

질문은 주로 영업 환경이나 주주, 채권자 관계, 재무 상황, 사업 계획, 경쟁사 관계, 기술의 독자성 등에 관한 내용이다.

이때 사람마다 대답하는 방식이 다른데, 대체로 다음과 같다. ① 질문에 대해 전반적인 상황을 설명해주고 부족한 부분이 있으면 묻지 않은 내용까지 적극적으로 추가 설명을 해주는 사람 ② 질문에 대해 충실히 설명해주는 사람 ③ 자료를 제시하며 판단하라는 사람 ④ 한 가지 질문에 대한 설명을 하고 다음 질문에 답하는 식으로 하나씩하나씩 질문에 답변하는 사람.

사업 제안을 받았을 때 기본적인 궁금증이 해소되지 않으면 공동사업이나 투자는 이루어질 수 없다.

따라서 질문을 던지고 답을 구하는 과정에서 공개의 신뢰성 또는 진정성, 사실관계 등을 확인하게 된다. 여기서 공개의 정도가 약할수록 의구심이 생기고 판단이 지연되며, 결국 확인하지 못한 내용이 있을 경우 결렬에 이르기도 한다. 공개가 부족하거나 공개의 속도가 더딜수록 사업적 협력이나 투자에 대한 판단을 늦출 수밖에 없다.

이것은 사업의 문제만이 아니라 대인관계와 일상생활에도 그대로 적용된다. 양파 껍질 벗기듯이 용건을 조금씩 꺼내지 말고 우리가 필요해서 찾아간 상대방에게 자신의 요구 사항을 신속히 공개하고, 바로 본론에 들어가는 것을 습관화해보자.

어떤 사람이 우리 회사에 사업 제안을 하려고 찾아와 그와 작은 테이블에 마주 앉았다. 그는 정부 산하기관에서 근무하다가 창업한 사람이었는데 준비해온 서류를 세워들고(내용을 보지 못하게) 제안 내용을 설명했다.

나에게 협력을 구하러 왔다고 하면서 보여주지 못할 것이 있나 싶었다. 오픈마인드의 자세와는 한참 거리가 멀었다.

결국 나는 그의 사업 제안을 받아들이지 않았다.

03

화젯거리를
먼저 던지는 사람이
중심에 선다

ROTC 후배인 이 사장을 만나는 자리에 그의 친구인 최 교수도 동석했다. 최 교수는 나와 초면이지만 후배인 이 사장과는 막역한 사이였다.

이런저런 이야기를 나누다가 최 교수가 얼마 전에 미국에서 골프 티칭 프로 자격을 취득하고 돌아왔다는 이야기를 꺼냈다.

최 교수는 체육학 전공으로 스킨스쿠버, 배구 등 못하는 운동이 없는 만능 스포츠맨이었다. 거기에 더해서 골프 티칭 프로 자격까지 새로 땄다고 하자 그 이유가 궁금했다.

최 교수가 농담 반 진담 반으로 대답했다.

"요즘은 교수들도 자기계발을 위해 무지 노력합니다. 노후를 대비하자면 다방면으로 먹고살 준비를 해둬야지요."

대학도 정년 보장이 없어진 지 오래고 기업처럼 경영 마인드를 도입해 운영한다는 이야기를 들어온 터라 그 말이 농담으로만 들리지는 않았다. 최 교수가 골프 티칭 프로 자격을 딴 것은 단순한 취미만이 아니라 미래를 대비하기 위한 실용적인 목적도 있었던 것이다.

아무튼 최 교수가 그런 말을 꺼낸 덕분에 그날의 화제는 주로 골프에 집중됐다. 최근 지방 골프장의 그린피가 매우 저렴해졌다거나, 군산에 싸고 좋은 컨트리클럽이 있다거나, 스크린 골프장이 어떻다는 등의 이야기를 나누며 시간을 보냈다.

그리고 그 주말에 논현동에서 '마음골프'라는 골프 아카데미를 운영하는 김 대표를 만났는데, 그가 운영하고 있는 골프 사업에 관해서 이야기가 나왔다. 골프 사업의 경쟁 현황이나 골프 레슨의 일화 같은 것이 주된 대화 내용이었다.

김 대표는 최근 경제 상황이 매우 좋지 않음에도 불구하고 자신의 사업은 비교적 순항하고 있다면서, 사업장을 넓혀 국내 골프 대중화를 위한 골프 아카데미를 제대로 시도해보려 한다고 의욕을 보였다.

그때 며칠 전에 만났던 최 교수가 떠올라 김 대표에게 말했다.

"김 대표님, 최 교수님과 함께 대학에 CEO 골프 과정을 만들어보면 어때요?"

나는 골프 사업에 대해 잘 모른다. 골프 실력도 초보다. 다만 나는 사람을 만나고 정보를 얻으면 그 정보가 쓰일 만한 곳에 전달하는 것을 거의 습관처럼 몸에 익히고 있기 때문에, 그때도 아이디어 차원에서 제안한 것이었다.

당시 내가 가지고 있었던 정보는 '최 교수 = 대학교수 + 골프 티칭

프로 자격 취득’, ‘김 대표 = 골프 아카데미 운영 + 골프 사업 확장 의욕’
이었다. 두 정보 간에는 ‘골프를 가르칠 수 있는 여건’이라는 공통분모가
있었다. 그래서 나는 두 사람이 서로 윈-윈할 수 있는 사업으로 ‘CEO
골프 과정 개설’이라는 아이디어를 제시한 것이었다.

사실 최 교수나 김 대표는 CEO 골프 과정을 만들어 운영할 수 있는
경험과 지식, 그리고 그것을 추진할 수 있는 인맥과 인프라를 충분히 갖
추고 있었다.

그럼에도 구체적으로 CEO 골프 과정 개설이라는 아이디어를 내서
두 사람의 관심과 참여를 이끌어낸 사람은 나였다. 내가 그런 주도적인
역할을 했던 것은 골프에 대한 경험과 지식 때문이 아니라 두 사람의 정
보를 서로 연결할 수 있었기 때문이다.

비즈니스의 아웃풋을 만들어내기 위해서는 누가 어떤 인프라나 역량
을 가지고 있는가도 중요하지만 그보다는 상대가 가진 인프라를 누가 먼
저 활용하고 조합해서 성과물을 만들어내는가 하는 것이 더 중요하다.

처음 만난 자리에서 우연히 나온 최 교수의 골프 티칭 프로 자격 취
득 이야기가 이처럼 사업으로 발전된 것만 보아도 공개의 중요성을 새
삼 느낄 수 있다. 개인적인 일로 생각되는 사소한 신상 정보도 비즈니스
에서는 중요한 정보가 된다. 때문에 당장 구체적으로 바라는 게 없다고
해도 자신에 관한 정보를 최대한 공개하는 게 좋다.

일상적인 대화에서 문제를 해결하는 법

대화중에 화젯거리를 먼저 던지는 것이 왜 중요할까?

인터넷에서도 어떤 이슈에 대해 먼저 글을 올리는 것이 왜 중요할까?

무엇보다도 대화의 방향을 주도하게 된다는 점이 중요하다. 특별한 주제가 없는 친선모임이나 회합 같은 자리에서는 최초에 던진 대화가 꼬리에 꼬리를 물고 다른 이야기로 이어진다. 앞의 예에서 보듯 최 교수가 골프 티칭 자격 이야기를 꺼냄으로써 그 자리의 화제는 주로 골프가 되었다.

골프 이야기가 다른 화제의 중간에 잠깐 스치듯 지나갔다면 그 자리가 끝나자마자 일상적인 대화로 잊히고 말았을지 모른다. 그러나 그날의 주된 화제였기 때문에 나는 최 교수가 골프 티칭 프로 자격을 땄다는 사실을 기억했고, 나중에 김 대표를 만났을 때 바로 그 정보를 연결할 수 있었다.

당신이 부동산 중개업자라면 친목모임에서 아파트 시세를 대화의 첫머리에 던져보라.

이야기가 길어지면 나중에는 참석자들 사이에 팔지 못한 시골의 땅 이야기부터, 갖가지 부동산의 매수 매도 정보와 부동산에 얽힌 애환까지 줄줄이 나올 것이다.

그런데 그 자리에 증권사 지점장이 있어서 주식 이야기가 나왔다면 결국 주식이 대화를 주도하는 화젯거리가 될 것이다. 당신은 단지 다음

차례를 잡기 위해 기회를 탐색하는 위치로 전락한다.

또 화젯거리를 먼저 던지면 이미지 선점의 효과가 크다. 일단 한 사람의 이야기가 퍼져나간 후에는 어떤 주제가 나오든 지나가는 이야기가 되고 만다. 만일 참석자가 한둘이 아니라면 다음 사람들은 공연히 마음이 조급해진다. 그래서 은연중에 대화 주제에 대한 경쟁심이 작용하고, 그 때문에 폭넓고 깊이 있는 대화가 이루어지지 않고 수시로 다른 화제로 넘어가게 된다.

그래서 그 자리가 파하고 나면 처음에 나왔던 이야기와 그것을 꺼낸 사람만 기억에 남는다. 같은 비중의 이야기라도 먼저 화제를 주도하면 자신의 정보와 이미지를 다른 사람들에게 확실하게 남길 수 있는 것이다.

화젯거리를 먼저 던지면 시간을 비교적 자유롭게 다를 수 있다. 첫 발언부터 시간의 제약을 두는 미팅은 거의 없다. 이야기를 하다 보면 길어지고 그러다 보면 시간의 제약을 받게 된다. 오직 처음에 대화를 주도한 사람만이 자기 이야기를 편하게 길게 말할 수 있다. 그러나 처음 발언을 하더라도 이야깃거리가 부족해 금세 다른 사람에게 주도권이 넘어가버린다면 소용없다. 그러므로 평소에 화젯거리를 풍부하게 준비하는 노력이 필요하다.

먼저 사적인 이야기나 유머 등을 던지면 분위기를 주도하면서 오픈 마인드를 유도할 수 있다. 그럼으로써 사람들의 숨겨진 면을 처음 만나는 자리에서도 찾아낼 수 있고, 자연스럽게 자기 공개를 유도할 수 있어 유대 관계도 깊어진다.

　만남이나 모임에서 먼저 자신을 공개하자. 나 이런 사람이다, 하며 먼저 이야기를 꺼내보라. 무엇이 두려운가. 순간의 두려움과 불안감을 극복하면 그다음엔 많은 기회가 기다리고 있다.

04

상대의 마음을
움직이게 만드는 방법

가깝게 지내는 동년배를 친구親舊라고 한다. 한자를 보면 친구란 오래된 관계임을 암시한다. 국어 사전에도 '가깝게 오래 사건 사람'이라고 나온다. 그렇지만 인간관계를 넓히겠다, 인맥을 만들겠다는 욕구에는 인간적 유대감을 찾는 것 외에도 비즈니스에 필요한 것을 해결하고 싶은 마음이 담겨 있다. 이것을 해결하기 위해서는 무엇보다 자신에 대한 정보를 공개하는 시기가 빨라야 한다.

그런데 나에 대한 모든 정보를 아무 때나 공개할 수 있을까? 분위기나 상황을 보고 적절한 타이밍에 나를 알리거나 소개해야 하지 않을까?

우리는 사람을 만날 때 기회가 무한하다는 착각을 하거나, 최소한 다음에 또 만나겠지 하고 생각한다. 그러다 보면 인맥의 형성은 더뎌지고, 즉시 연결될 수 있었던 좋은 기회를 놓치고 만다.

일기일회(一期一會 : 평생에 단 한 번뿐인 만남이나 일을 뜻함)란 말은 소셜 네트워크에 참여하는 사람들에게는 만남의 기회에 대한 중요성을 일깨워준다. 63모임에서도 처음 모임에 나온 회원들은 자신을 즉석에서 완전히 공개하지 못하는 모습을 보인다. 최소한의 격식이나 시간이 필요함을 알기에 이해는 한다. 하지만 '조금 더 사귀고 나서 하지 뭐'라는 생각 때문에 절호의 기회를 놓쳐버린 경우를 많이 보았기 때문에 나는 신속한 공개를 권하고 있다.

구 사장은 벤처 사업가로 새로운 아이템을 구상하고 있었다. 그는 초기 투자자금 유치가 필요했고, 투자자를 설득하기 위한 구체적인 플랜도 갖춘 상태였다. 우리 모임에 나온 이유도 사업에 적절한 도움을 받기 위해서였다.

다행히도 구 사장이 딱 원하는, 아니 구 사장 같은 사업 아이템을 찾고 있는 창업투자회사의 김 상무가 있었다.

다행은 거기까지였다. 김 상무는 비교적 자기를 자세히 공개했지만, 구 사장은 조금 더 친분을 쌓은 후에 접촉할 생각으로 자기 공개를 미루었다. 적절한 시기를 기다린 것이다. 결과는 어떻게 되었을까?

구 사장이 적절한 시기가 되었다고 생각하고 김 상무와 접촉했을 때, 그의 창업투자회사는 얼마 전 다른 사업에 상당한 금액을 투자한 후였다.

구 사장의 아이템에 관심은 있었지만 현실적으로 투자 자금이 제한

돼 있어 추가 투자를 할 수 없는 상황이었다. 결국 멋진 사업 파트너가 될 수 있었으나 타이밍을 놓친 두 사람은 소주 잔이나 기울이며 아쉬움을 달래야 했다.

오늘이 지나면 다시는 그 사람을 만날 기회가 없다고 생각해보라. 첫 미팅이라 해서 인사나 가벼운 사업 소개 정도로 대충 넘어가지 말고, 가능하다면 그 자리에서 계약서를 쓰고 일어날 수 있을 정도로 이야기를 발전시켜야 한다.

업무 외적인 이야기를 나눌 때에도 여가나 취미에서부터 가족의 수, 거주하는 곳, 부모님의 건강 상태나 형제들이 하는 일에 이르기까지 가급적 상세한 대화를 하는 것이 좋다. 그중에 어느 것이 연결고리가 되어 인간적 유대를 형성하고, 또 사업적 제안으로 돌아올지 모르는 일이다.

게다가 현재의 인맥이 언제나 그 자리에 있어서 당신이 도움을 청하기를 기다릴 것이란 생각은 버려야 한다. 불과 며칠 사이에 영향력 있는 자리에서 밀려나 보직이 변경되거나, 불의의 사고로 세상에 없을지도 모른다.

물론 자신을 공개하는 데는 약간의 기술이 필요하다. 만일 세미나에 참석하여 어떤 주제를 발표한다고 했을 때 주제에 적합한 내용을 프레젠테이션해야 하는 것은 당연한 일이다. 그런 자리에서 뜬금없이 사적인 이야기나 취미를 발표할 사람은 없을 것이다. 하지만 주제에 적합한 학력이나 경력에 관한 정보는 자연스럽게 노출할 수 있다.

청중 중에는 의외로 발표 내용보다는 강사가 과거에 무슨 일을 하던 사람인지, 강의할 만한 학력이나 경력이 되는지 등등 당신을 평가하는 사람이 많이 있다. 그들이 당신의 학력과 경력에서 뭔가 연결고리를 찾아낸다면 휴식 시간에 당신을 찾아와 말을 걸며 아는 척할 확률이 높다. 우스워 보일지 몰라도 인맥은 그렇게 형성된다.

공개석상에서 자신을 공개하기가 부담스럽다면 공식 행사 이후 커피타임이나 뒤풀이 장소에서 다시 이야기할 기회를 엿보면 된다. 여기서는 사적인 정보라도 공개하기가 훨씬 수월할 것이다. 중요한 것은 '지금 즉시' 공개하는 것이다.

자신을 '지금 즉시' 공개할 것을 잊지 말고, 습관을 들이려는 노력을 해보라. 그 누구인지 모를 잠재 인맥이 스스로 당신을 찾아오는 장치가 된다. 한번 생각해보라. 어느 행사에 갔다가 가벼운 뒤풀이 자리에서 우연히 자신의 연고지나 학력, 경력, 비전 등을 공개함으로써 인맥을 얻게 된 경험이 있지 않은가. 네트워크는 그렇게 이루어진다. 다만 자신을 공개하는 습관이 안 되어 있어 용기를 내지 못할 뿐이다.

좋은 인연을 이어가는 방법 한 가지

"실장님, 이번 주주총회에는 꼭 나와서 좀 도와주셔야겠습니다!"

서울대 창업보육센터에서 벤처기업을 경영하는 정 사장이 그날따라 신신당부를 했다.

사정을 들어보니 어떤 투자자로부터 협박을 받고 있다고 했다. 처음에 투자를 권유한 사람이 그에게 온갖 장밋빛 청사진을 제시해 투자에

　　　　　　　　　　　　　　비즈니스 소울메이트

참여했는데, 결과가 좋지 않자 소송 운운하며 정 사장을 협박하기에 이른 것이다.

정 사장은 국내 소프트웨어 분야 석학의 제자로서 실력이 상당했기에 우리 회사도 그 회사에 일부 투자하고 있었다. 그런데 우리는 신생기업의 위험요소를 인식한 상태에서 투자했지만, 협박을 한다는 그 사람은 전문투자자도 아니면서 장밋빛 환상에 혹해 투자했던 것이다.

정 사장은 그 투자자가 권력기관의 공직에 있기 때문에 더 불안해했다. 그래서 나에게 그 투자자의 인적사항까지 자세히 알려주면서 주주총회가 무사히 끝날 수 있도록 도와달라는 것이었다.

나는 같은 주주로서 회사 경영의 실패에 대해 솔직하게 의견을 나누다 보면 이해하겠지 하는 마음으로 주주총회에 참석했다. 그런데 총회를 난장판으로 만들까 봐 걱정했던 그 투자자는 예상과 달리 참석하지 않았다. 전화로만 화풀이하다가 그것으로 끝난 것은 정말 다행스러운 일이었다.

그런데 그 과정에서 오히려 내가 실수를 할 뻔했다. 나는 늘 그래왔듯 나의 인맥을 통해 그 투자자와 연결될 사람이 있는지 알아보았다. 그런데 공교롭게도 내 인맥 범위에 있는 사람이 그 투자자의 직속상사였다.

그것을 안 순간 나는 인맥을 통해 그 투자자에게 압력을 행사하고 싶은 유혹을 느꼈다. 그러면서 정말 세상이 좁다고 생각했고, 대한민국 하늘 아래 인맥의 연결이 이리도 쉽다면 언행을 조심해야겠다고 마음먹었다.

그때 나는 잠깐 유혹을 느꼈지만 압력을 행사하지는 않았다. 총회가 별 탈 없이 끝난 이유도 있었지만, 무엇보다 인맥을 활용하는 올바른 태도가 아니기 때문이다. 인맥이란 서로 돕는 윈-윈 관계를 만들기 위해 필요한 것이다. 배타적인 그룹을 형성한다거나 인맥 밖의 사람들에게 함부로 힘을 행사하는 것은 옳지 않다.

여기서 내가 강조하고 싶은 것은 정 사장이 자신의 문제점을 공개할 때의 태도다. 세상에 대충해서 되는 일은 없다. 공개도 마찬가지다. 상대방이 내가 전한 말뜻을 충분히 이해했는지 확인해야 하며, 자기 혼자 만족하고 마는 공개여서는 안 된다. 내가 그 투자자의 직속상사를 통해 압력을 행사해볼까 생각할 정도로 그 일에 개입했던 건 정 사장이 자신의 상황과 원하는 바를 아주 자세히 말했기 때문이다.

"나는 누구로부터 위협을 받고 있다." 이런 이야기는 웬만한 사이가 아니면 공개하기 어렵다. 그런데 정 사장은 투자자의 인적사항까지 알려주었다. 때문에 만약 그 투자자가 문제를 일으켰다면, 압력까지는 아니라도 나의 인맥을 통해 어떤 식으로든 원만한 해결점을 찾으려 노력했을 것이다. 문제에 대한 정확하고 자세한 공개, 이것이 공개의 기술 제1의 원칙이다.

정 사장은 이후에도 자신의 문제를 구체적으로 언급하는 습관으로 도움을 얻곤 했다. 그 투자회사가 정리되고 나서 약간의 휴식 기간을 거친 뒤 대학교수직을 지원하고 싶어했다.

나는 평소 정 사장을 인격이나 능력 면에서 모두 좋아했으므로 지원한 대학에 교수로 가기 위해 내가 도울 부분이 있을까 싶어, 정 사장이

　　　　　　　　　　　　　　　　　　　　　　

지원한 전공학과에 어떤 교수들이 있는지 물어보았다.

정 사장이 전공학과 선배 교수들의 이름을 열거했을 때 나는 그 기막힌 우연에 놀라고 말았다. 열거된 이름 중 윤 교수는 나의 중학교 담임선생님이었다. 30여 년의 세월이 흘렀지만 윤 교수님은 나를 또렷이 기억할 정도로 나를 정말 아껴주었던 분이다. 나는 격식을 따질 것도 없이 바로 정 사장을 추천하는 글을 윤 교수님 앞으로 보냈다.

나중에 정 사장은 그 대학의 교수가 되었다. 한 사람의 입김으로 교수 채용이 결정되는 건 아니므로 나의 추천 때문에 이루어진 일은 아닐 것이다. 아니, 추천이 아무런 효과를 거두지 못했을 확률이 훨씬 높다. 그럼에도 정 사장이 교수 지원 의사와 대학 이름까지 밝히며 자신의 목적을 분명히 알렸기 때문에, 나는 문제 해결에 직접적인 도움을 줄 지점을 구체적으로 짚어낼 수 있었다.

정 사장은 무슨 이야기를 꺼내든 대충이 없었고 자신의 현안 또는 용건을 구체적으로 말했다. 그래서 나 또한 딱히 상담을 하는 자리가 아닌데도 그 구체성 때문에 나의 인맥을 떠올리게 되고 자연스럽게 문제 해결로 들어가곤 했다.

얼마 전에 어머니가 갑자기 돌아가셨다. 정 사장, 아니 정 교수는 미국 출장 중이었음에도 화환을 보내왔다. 인맥이란 기본적으로 삶의 희로애락을 나누는 인간관계에서 만들어진다. 서로의 삶에 마음으로 들어가지 않으면 인맥은 그저 끼리끼리의 일시적 거래로 그칠 뿐 삶의 동반자로 거듭나지는 못한다.

05

나의 약점까지
공개하라

내가 "약점도 공개하세요"라고 이야기하면 사람들은 공개의 필요성을 강조한 나머지 너무 지나친 요구를 하는 것 아니냐고 한다. 내가 말하는 약점이란 상대방의 도움을 받음으로써 극복할 수 있는 것이다. 어떤 것을 추구하는 데 문제점이나 애로 사항과 같이 부족한 부분을 말한다.

어떻게 약점을 이야기하라는 거냐고 묻는다면 나는 이렇게 대답하고 싶다.

"상대방에게 진정성을 가지고 이야기하세요!"

얼마 전 인터넷에서 인맥 서비스를 하는 링크나우(www.linknow.kr)의 한 포럼 게시판에 글을 올렸다가 삭제한 일이 있다. 나는 그 포럼 회원(현재는 대표 운영자를 맡고 있으며, 이름은 '여의도 포럼'이다)이기도 하다.

　다른 사람의 약점으로 보일 수도 있는 것을 언급한 글이어서 자칫 오해를 불러일으킬 소지가 있었기 때문이다.

　사정은 이렇다. 대기업의 경영진으로 있던 분이 자신의 홈페이지에 '구직 중'이라는 제목으로 "그간의 경험을 살려 일할 자리를 찾고 있습니다"라는 요지의 글을 올렸다.

　나는 바로 이 내용을 근거로 해서 댓글을 달았던 것이다. 앞에서도 말했지만 나는 나의 인맥으로부터 어떤 정보가 들어오면 그것을 신속히 나에게 또는 내가 아는 인맥에 대입해보는 습관이 있다. 그래서 그분의 '구직 중'이라는 정보를 입수했을 때도 내 머릿속에 있는 데이터들을 검색하여 나름대로 해결책을 찾아보았다.

　그 해결책 중 하나가 링크나우라는 인맥 네트워크 홈페이지에 글을 올려 회원들과 함께 그 문제를 풀어보자고 제안하는 것이었다. 구직 중인 그분도 그 사이트의 회원이었기 때문이다.

　나는 이런 문제야말로 인맥 네트워크의 가장 현실적인 문제라고 보았기에 회원들에게 함께 길을 찾아보자는 제안을 했다. 나아가 이런 문제를 풀지 못하면 우리 모임은 "별 볼일 없는 구호뿐인 곳이다!"라고 강조했다.

　하지만 기대와 달리 다른 회원들의 댓글은 올라오지 않았고, 아이러니하게도 제일 먼저 댓글을 단 사람은 '구직 중!'이란 글을 올린 당사자였다. 그분은 자신이 쓴 글이 다른 사람들을 불편하게 할까봐 걱정된다는 말과 함께 자기 일의 해결 여부와 상관없이 우리 모임은 여전히 좋은 곳이라고 덧붙였다.

그분의 마음을 이해하고 일단 내 글을 삭제했다. 그리고 얼마 후 그분과 직접 만나게 되었다. 나는 그분의 용기가 부럽다고 진심으로 말했다. 대기업의 경영진으로 근무하던 분이 직장을 구하고 있다는 글을 공개적으로 인터넷에 올리는 것이 쉽지는 않을 것이기 때문이다. 그런 글이야말로 가장 현실적이면서 솔직한 자기 공개라는 말도 덧붙였다.

나는 그분의 당면 문제인 구직에 대해 조금이라도 도움이 되고 싶어 제안을 했다.

"외국계 기업의 헤드헌팅을 전문으로 하는 회사 사장님을 한 분 알고 있습니다. 제 생각에는 계속 해외근무를 해오셨으니 국내 소재하는 기업 중 외국계 기업을 찾아보면 커리어에 맞는 자리를 찾을 수 있을 것 같은데. 제 친구가 도움이 될 수도 있을 겁니다. 어떠신지요?"

나는 덧붙여서 만일 그 회사가 구직 문제를 해결하지 못한다면 국내 대기업과 벤처기업 헤드헌팅을 전문으로 하는 회사가 여의도와 삼성동 두 곳에 사업장을 두고 활발히 운영 중이니 차선으로 그곳을 추천한다고 말했다.

그분은 나의 적극적인 관심에 고맙다고 했다.

그분이 내가 주선한 곳을 통해 취직이 되었는지 아닌지는 부차적인 문제다. 솔직하게 '구직 중'이라는 글을 올림으로써 현실적인 대화를 주고받을 수 있었다는 점이 중요하다. 결국 그분은 우리 모임에 참여했던 헤드헌터의 소개로 다른 국내 굴지의 대기업으로 옮겼고 여전히 활발한 활동을 하고 있다.

　　　　　　　　　　　　　　　　　　비즈니스 소울메이트

나에게 실질적인 도움이 될 한 명이 절실히 필요하다면 먼저 주변의 다수에게 그 사실을 알려야 한다. 그런 면에서 그리 친하지 않더라도 인터넷을 통해 연결되어 있는 '느슨한 관계'의 중요성이 부각된다.

구직 중인 사람의 입장이나 명분이 어떤 것이든 간에 구직 중이란 현실은 대인관계에서 약점으로 작용할 수 있다. 약점이 아니더라도 겸연쩍은 글인 건 확실하다. 그런데 결과도 예상할 수 없으면서 그런 약점을 공개해도 되는 걸까?

답은 '된다'이다. 아니, '꼭 해야 된다'이다. 왜? 말 그대로 구직이 필요하기 때문이다. 그리고 결과가 불투명하다는 것은 좋은 결과 또한 포함돼 있다는 뜻이다. 구직 중이라는 글은 하나의 정보다. 그 정보를 필요로 하는 사람은 헤드헌터가 아니라도 얼마든지 있는 것이다.

이 경우 약점은 부끄러운 것이 아니라 내가 필요한 것일 뿐이다. 그 필요는 다른 누구에게는 참여의 계기를 제공하는 유용한 정보가 되기도 한다. 이렇듯 모든 것을 정보 차원에서 생각하면 약점을 드러내는 것에 새삼 용기가 필요할 것도 없다. 우리는 단지 남이 모르는 정보 하나를 제공할 뿐인 것이다.

나는 지금까지 자신을 공개하라고 했다. 약점마저 공개하라고 했다. 그러나 모르는 사람에게 '약점 공개'를 하려면 결코 쉽지 않다. 사람마다 공개를 꺼리는 약점을 하나씩은 갖고 있다.

그럼에도 인맥 관리에서 공개의 목적은 분명하다. 나의 약점까지 공개할 때 인간적 유대는 물론 사업적 유대의 접점link을 찾을 수 있기 때문이다. 그리고 그러한 약점이 상대의 도움을 받아 개선되기를 바랄 수 있다.

조하리의 창Johari's window은 사람들 간의 의사소통 과정을 설명하기 위해 자주 쓰이는 이론으로, 인간의 마음의 창을 네 가지로 구분하고 있다.

나도 알고 너도 아는 '열린 창', 나는 알고 너는 모르는 '숨겨진 창', 나는 모르고 너는 아는 '보이지 않는 창', 그리고 나도 모르고 너도 모르는 '암흑의 창'이다.

'열린 창'이 넓을수록 서로 간에 이해와 친밀도가 높다. 자기 공개를 강조하는 내가 가장 주목하는 것은 나는 알고 너는 모르는 '숨겨진 창'이다. 이 숨겨진 창을 활짝 열어젖혀야 인간관계가 비약적으로 넓어질 수 있다. 이것은 경험에 따른 나의 지론이다.

모든 사람들이 마음의 창 네 가지를 다 활짝 연다는 건 거의 불가능하다. 하지만 나의 창이 공개될수록 상대와 나누는 교감의 창이 넓어진다.

상대가 마음의 창을 열면 나도 마음의 창을 열겠다는 생각은 지극히 유아적이고 유치한 발상이다. 스스로 자기를 공개한다는 건 쓸데없는 짓이 아니며, 오히려 대인관계에서 인맥 관리의 고수들이 자연스럽게 택하는 인맥 확대의 수순이다. 오직 바보들만이 자기의 창문을 꼭꼭 닫은 채 남의 창문 안을 들여다보려고 기웃거리며 인생의 중요한 시간을 허비한다.

    비즈니스 소울메이트

약점은 사람마다 다르고 상대적이다. 또한 약점을 대수롭지 않게 느끼는 경우도 있고 민감하게 여기는 경우도 있다. 인맥 관리나 인간관계에서의 약점은 대부분 예상 가능한 것들, 즉 학벌, 경력, 외모, 가족관계 등 밝히기에 덜 꺼려지는 것도 있겠지만, 간혹 자존심과 연결되는 금전적 문제, 여자 문제, 직장이나 소속기관에서 상하 간의 관계, 사업상의 소송 문제나 법적인 부분에 이르기까지 비교적 은밀한 것도 있다.

그런데 나의 이런 약점이 얼마나 공개돼 있고, 다른 사람들의 약점을 내가 얼마나 알고 있는지 생각해보라. 자신의 약점을 동네방네 떠들고 다닐 사람은 없다. 하지만 자신의 약점이 인맥을 통해 문제 해결로 연결되기를 바라는 역설적인 마음이 있는 것도 사실이다.

만일 당신의 문제나 약점을 혼자 해결할 생각이라면 공개할 필요는 없다. 하지만 누군가의 도움이 필요하고, 도움을 받아야만 해결할 수 있는 문제라면 기꺼이 자신의 약점이나 문제점을 가까운 인맥에게 공개해야 한다.

다만, 약점 공개가 악용되지 않으려면 다음 네 가지를 유념해야 한다.

첫째, 상대가 우호적인지 확인한다. 만일 상대가 적대적인 태도라면 약점의 공개로 인해 상처를 입거나 이용당할 수 있다.

둘째, 이미지를 훼손할 정도의 약점은 공개하지 않는다. 약점을 공개하는 것도 본질적으로는 상대를 활용하고자 하는 마음이 작용하기 때문이다. 그런데 상식적인 수준에서 용인할 수 없을 정도의 약점이라면 공개하지 않는 게 낫다.

셋째, 약점은 일시적이고 치유될 수 있는 것이어야 한다. 약점이 지속되는 상황이라면 무능하거나 문제 있는 사람으로 비칠 수 있다. 예를 들어 신용 불량 상태나 범죄 경력이 그런 경우다.

넷째, 약점을 스스로 내보이고 상대방을 이용하려 한다는 느낌을 주어서는 안 된다. 본인이 처한 처지나 상황에 대해 잘 알리고 상대방의 공감을 불러일으키는 것이 중요한데, 잘못하면 약점의 공개로 동정이나 협력을 얻게 되는 것이 아니라 "도와주면 안 되겠군!" 하고 반감을 사게 될 수 있다.

06

멀리 가려는 사람은
첫인상에 연연하지 않는다

인간관계를 넓히고 발전시키고자 하는 사람들이 잊지 말아야 할 게 있다. 인맥 형성에 속도를 더하라는 것이다.

앞에서 나는 상대가 먼저 공개하기를 기다리지 말고 나를 바로 공개하고, 두 번 세 번 만나서 할 이야기를 한 번으로 줄일 것을 제안했다. 또 사업 이야기도 가급적 여러 절차를 거치지 말고 바로 계약에 이르는 방법을 찾도록 권했다.

그렇다면 관계의 발전을 서둘러야 하는 이유는 무엇일까? 그것은 바로 시간 절약과 리스크 축소에 있다. 나는 "시간을 갖고 천천히 다가가라"는 말은 신중히 하라는 의미 정도로만 받아들인다.

그러나 빨리 자신을 알리고자 하는 성급한 마음에 상대를 파악하려는 노력 없이 자기 공개에만 너무 치우치면 상대를 오히려 불편하게 만들거나 경박한 사람이라는 오해를 살 수 있다. 그래서 충분히 가까워질 수 있는 관계임에도 불구하고 오히려 오해가 생겨 이것을 해소해야만 하는 불필요한 과정을 겪을 수도 있다.

그렇다면 어디까지가 적극적인 공개이고 어디서부터가 성급한 공개인가? 이런 문제는 사실 딱히 선을 그어 말하기가 힘들다. 상대를 알게 된 계기, 서로의 사회적 위치나 나이 차, 둘 사이에 당장 어떤 현안이 있는가 등을 고려해야 한다.

그럼에도 내가 인맥을 맺는 속도를 높이라고 강조하는 이유는 그럴 때 훨씬 결과가 좋았기 때문이다.

내가 직접 경험하거나 주변에서 보아온 대부분의 사례는 서둘러도 되는 일임에도 불구하고 형식이나 격식, 체면 등 의례적 절차를 거치느라 일이 안 풀린 경우가 많았다.

어차피 한두 번의 만남으로 인맥을 맺을 게 아니라면 초기 한두 번의 만남에서 갖는 인상을 크게 걱정할 필요는 없다. 자기 공개나 사업적 제안이 성급하게 이뤄졌다고 해봐야 조금 신중하지 못한 사람인가 하는 정도의 오해를 잠시 할 뿐이다.

서로 분명하게 원하는 게 있다면 몇 번은 만나게 될 것이고, 그렇게 만나는 가운데 현안 문제가 해소된다면 첫인상 따위는 언제라도 역전시킬 수 있다. 그럼에도 대인관계에 자신감이 없는 이유가 남아 있다면 그 부족한 부분을 숨기려 하지 말고 오히려 인정하고 그 내용을 공개해보면 어떨까.

자신의 단점을 인정하고 경쟁력 있는 모습으로 발전시킨 사례는 많이 있다. 외모 때문에 자신감이 없다면 못생긴 외모를 활용해 인기를 누리는 개그맨이나 연예인들을 생각해보라!

우리의 주변을 돌아보면 서둘러 처리할 일이 쌓여 있을 것이다. 하물며 인간관계의 확대 발전에 나선 당신이 서두를 일이 어디 한둘이겠는가? 서둘러라. 시간을 아껴 써라. 세월이 간다.

인생의 속도는 나이에 비례한다는 말이 있다.

30대에는 시속 30킬로미터로 세월이 간다.

50대에는 시속 50킬로미터로 세월이 간다.

70대에는 시속 70킬로미터로 세월이 간다.

당신의 시간은 몇 킬로미터로 가고 있는가? 시간이 쏜살같이 휙휙 지나가는 게 느껴지지 않는가? 나의 인맥도 만남도 인연도 나의 인생과 함께 쏜살같이 달리고 있다는 것을 잊지 말아야 한다.

CHAPTER 2

오래 가고 싶은 사람을 만드는 7가지 방법

오픈마인드를 가지고 자기 공개를 충분히 해야
정보가 원활하게 유통된다.
이때 비즈니스적인 성과를 내기 위한 방법으로 어떤 것이 있을까?
공개된 정보를 활용해서 문제를 해결할 때
비로소 자기 공개는 의미를 가진다.
나의 정보를 효과적으로 공개하는 방법은 무엇일까?
인맥을 통해 나에게 흘러들어온 정보는 어떻게 다루어야 할까?

기꺼이 나의 인맥과
정보를 내줘라

모 은행 방배동 지점의 간부로 근무하는 후배로부터 난데없이 원망의 전화를 받았다. 수화기를 들자마자 후배는 대뜸 "선배님! 너무하십니다"라고 했다.

내가 당황하여 더듬더듬 물으며 상황을 파악하려 하니 알면서 그런다는 듯이 더 불만을 토로하는 것이 아닌가. 그를 진정시키면서 사정을 들어보니 이런 이야기였다.

우리 회사에서 사옥을 매각하는데 후배가 속해 있는 해당 은행 지점에서 컨소시엄 형태로 약간의 자금을 투자해 사옥 매입에 참여한다고 했다. 후배는 내가 그 정보를 자기에게 미리 알려주지 않았다며 서운해했다. 만약 알았다면 자기네 은행이 그 일을 더 주도적으로 할 수 있었다는 것이다.

그 이야기를 듣고 나니 내가 오히려 황당했다. 우리 회사의 사옥을 매각한다는 이야기는 나도 금시초문이었다. 알아보니 사옥 매각은 회사 내에서도 조심스럽게 진행해 상당히 높은 위치에 있는 사람들도 모르고 있었다. 그런 중요한 일을 나는 거꾸로 후배를 통해 들었던 것이다.

내가 가지고 있는 정보를 주변에 적극적으로 알리다 보니, 주변에서도 어떤 정보가 들어오면 나에게 알려준다. 그런 식으로 생각지도 못한 정보가 나에게 흘러들어오기도 한다. 사옥 매각건이야 내가 관여할 게 없는 일이었지만 거기에 나의 이해관계가 걸려 있었다면, 나는 우연히 알게 된 귀중한 정보를 활용할 수 있었을 것이다.

그러면 나에게 정보를 제공한 후배에게 나는 그전에 무엇을 주었는가? 나는 평소 친분이 있어 찾아온 후배에게 우리 회사와 거래를 맺을 수 있도록 재무 관련 부서에 소개해주었다. 그것이 전부다.

정보의 흐름에 관한 이야기는 또 있다.

나는 장학재단의 운영책임자를 겸하고 있다. 재단이란 곳은 공익법인으로서 주식회사의 자본금에 해당하는 기본 재산을 운영하여 그 수입으로 법인의 목적 사업을 수행한다.

나는 재단 운영자금의 수익을 조금이라도 더 늘리기 위해서 요즘처럼 물가 변동이 심할 때는 안전하면서 소득이 높은 상품을 찾아다닌다. 물론 고위험 고수익(High-Risk High-Return)의 경제 원리에는 맞지 않다. 장학재단은 일반 기업처럼 수익이 주목적이 아니므로 자금을 운영하는 데 수익성보다는 안전성에 우위를 둘 수밖에 없다.

나는 기존에 운영하던 자금이 만기가 되어 다른 곳에 재투자하기

     비즈니스 소울메이트

위해 지인들에게 이메일을 보냈다. 두 사람이 관심을 보였는데, 특히 한 분이 매우 적극적이었다.

그분은 나와 같은 모임의 회원인데 최근에 연락이 뜸하다 했더니 그동안 국내 안경 체인점 중 대표적인 기업의 대표이사로 영입되어 있었다. 그분은 그 안경 체인점이 코스닥 등록을 준비 중이며 현재 운영자금이 필요하다고 했다.

그분과 직접 만나서 조건 등을 면밀히 따졌으나 재단 자금 운영의 안정성에 문제가 있다고 봐서 거래는 성사되지 않았다. 하지만 소득이 없지는 않았다. 내가 가진 정보를 제공함으로써 그동안 몰랐던 새로운 정보를 입수했던 것이다. 그것은 체인점들도 코스닥 등록을 위한 준비를 할 수 있다는 정보였다. 그렇다면 우리 모임의 꽃 배달 체인점 사장에게 이 정보를 전달할 가치가 있겠다 싶었다. 꽃 배달 체인점 회사도 최근 국내 굴지의 벤처캐피털로부터 10억 원의 투자 유치를 받았기 때문이다. 게다가 체인점이라면 최근 유행하는 스크린골프 체인 사업자들도 있다. 안경 체인점과 유사하다는 측면에서 보면 그들도 코스닥 등록을 노려볼 수 있지 않을까 싶었다. 실제로 골프존이라 하는 스크린골프 전문사업체가 코스닥 시장에 등록되었다.

내가 장학재단의 자금 운영처를 찾는다는 이메일을 보냄으로써 나와 모임을 함께하는 회원이 타사 대표이사로 옮겼다는 근황을 알게 되었고, 그 회사가 안경 체인점 업체라는 정보와 함께 체인사업 회사의 코스닥 등록 준비라는 정보도 덤으로 얻었다. 그리고 이를 통해 비슷한 체인 사업체들이 향후 코스닥 등록을 추진할 수 있을 것이라는 생각도 가능해졌다.

정보는 이처럼 외부로 나가는 순간 스스로 다른 정보들을 물어온다. 그것이 정보의 속성이고 생명력이다. 당신이 아는 정보를 지금 즉각, 널리 전파하고 그 반응을 살펴보라.

내가 만든 63모임의 목적도 한마디로 말하면 정보의 공유라고 할 수 있다. 나만의 인맥과 정보만이 아니라 참여자 모두의 인맥 자산을 공유하고 활용하는 휴먼 네트워크, 정보 네트워크를 바랐던 것이다.

초기에는 대부분의 회원들이 자신의 인맥과 정보를 내어놓기는커녕 남의 것을 쓰는 데에만 전념했다. 공유의 취지가 무색해지는 느낌도 들었지만, 나는 다른 사람들에게 나의 인맥과 정보를 기꺼이 제공했다. 그리고 각기 원하는 바를 얻도록 적극적으로 사람들을 연결해주었다. 일종의 메신저 역할을 한 것이다.

시간이 지나자 예상치 못한 결과가 나타났다. 나의 인맥과 정보를 필요로 하는 사람들에게 기꺼이 내주는 과정에서, 나의 인맥과 정보력도 급속도로 팽창되어갔다.

어떻게 해서 자신의 인맥과 정보를 사용하도록 안내해준 사람이 그걸 가져간 사람보다 더 많은 인맥과 정보를 쌓을 수 있었을까?

우선 내가 가진 인맥과 정보를 제공하자 주변 사람들이 그것을 활용하기 위해서 나를 찾아왔다. 대화를 나누면서 그들이 가진 인맥과 정보가 어떤 내용인지를 자연스럽게 알게 되었다. 서로의 인맥과 정보를 결합하여 문제를 해결하는 과정을 반복하다 보니 상대방의 인맥과 정보가 나에게 계속 쌓여갔다.

그렇게 인맥은 계속해서 저절로 확장되었다. 퍼내면 다시 고이는 샘물과 같았다. 지금 나는 누구보다 폭넓고 강력한 인맥을 형성한 사람이 되었다. 그리고 바로 그들이 내 인생의 든든한 버팀목이 되어주고 있다.

02

정보가 들어오면
즉각 반응하라

가족끼리 서로 왕래하는 이웃이 있다. 가끔 식사도 함께하고, 아이들을 데리고 가까운 곳에 놀러가기도 한다.

가까이 지내다 보니 서로가 집안 사정을 잘 알고 있을뿐더러, 나나 이웃집 남자나 서로 어떤 사업을 하고 있는지도 잘 안다. 이웃집 남자는 위성방송 스카이라이프sky life의 바둑 채널을 운영하는 회사의 사장이다.

어느 날 두 집이 모여 저녁식사를 했다. 내가 별 생각 없이 "요즘 사업은 잘되세요?" 하고 말을 건네자 그 이웃은 자연스럽게 자기 사업에 대해 이런저런 이야기를 꺼냈다. 그러면서 바둑업계의 인맥을 알면 사업에 많은 도움이 된다며 좋은 분이 있으면 추천해달라고 했다.

나는 바둑 실력도 있고 한때 바둑협회의 임원을 맡은 적이 있는 조 사장님을 소개해주었다. 두 달쯤 지났을 때 조 사장님이 전화를 걸어왔다.

"장 실장, 나 말이야 윤 사장이 운영하는 바둑 채널의 〈명사대국〉이란 프로그램에 나가 은행 임원하고 바둑 대국을 하기로 했어."

그 이야기를 듣는 순간 나는 참 기발하다는 생각을 했다. 조 사장님과 은행 임원은 바둑 대국을 함으로써 친분을 쌓을 것이고, 바둑 채널을 운영하는 이웃인 윤 사장은 콘텐츠 하나를 확보하는 것이 아닌가.

나는 두 사람의 인연을 맺어준 것에 대해 보람을 느꼈다. 조 사장님이 바둑을 좋아하는 것을 알고 서로 도움이 되리라고만 생각했지, 〈명사대국〉 출연이라는 구체적인 일로 연결될 줄은 짐작도 못했다.

그 후 두 사람의 만남은 어떻게 발전했을까.

조 사장님은 당시 우리 회사의 투자법인 대표이사로서 약 3만 평의 대형 건물을 왕십리에 지으면서 분양을 앞두고 있었다. 그러던 중 그 은행 임원과 바둑으로 인연이 닿으면서 그 건물에 은행의 신설 점포를 입점시키면 어떻겠느냐고 의향을 물었다. 그 은행은 사업성이 있다고 판단해 그곳에 신설 점포를 개설했다.

나는 이웃인 윤 사장의 부탁을 받아 바둑 분야를 잘 아는 사람을 연결해주기만 했을 뿐인데, 결과적으로 우리 회사의 투자법인 건물 분양에 일조를 한 셈이 되었다. 인맥의 연계성과 그 연결고리의 발전은 참으로 신기하고도 놀라울 따름이다.

이렇게 인맥의 연결은 비즈니스로 발전하거나 문제를 해결하는 데 도움을 주고 주변 사람들을 거쳐 다시 나에게 돌아온다.

사람들은 어떤 정보를 접할 때 자신과 상관없다고 생각하면 그 정보를 잊어버리거나 폐기해버린다. 나중에는 그런 정보가 있었는지조차 모른다. 그러나 인맥 형성에 관심이 있다면 그런 태도부터 바꾸어야 한다. 정보는 당장 실효성이 없다 하더라도 적극적으로 반응해야 한다.

만일 상대방이 제공한 인맥이나 정보에 대해 당신이 아무런 '반응'을 보이지 않는다면, 그리고 그것이 한두 번 이상 반복된다면 그는 더 이상 당신에게 정보를 제공하지 않을 것이다. 그리하여 당신은 자기도 모르는 사이에 정보의 끈 하나를 잃게 된다.

정보가 들어오면 반드시 반응을 하라. 당신에게 정보를 제공하는 사람은 구체적이든 막연하게든 그 정보가 어떤 좋은 결과로 돌아오기를 기대하고 있다.

누군가는 별 생각 없이, 딱히 정보 제공을 한다는 의식 없이 말을 할 수도 있고, 그래서 말을 한 당사자조차 잊어버린다. 하지만 그럴수록 당신이 그 정보를 활용해 어떤 사업적 이익으로 연결해준다면 상대방은 감동할 것이다. 이후 그 사람은 자신의 정보를 더 적극적으로 당신에게 건네게 될 것이다.

정보에 반응하느냐 마느냐에 따라 당신은 정보로부터 소외될 수도 있고 더 많은 정보를 흡수할 수도 있다.

당신의 반응은 빠르면 빠를수록 좋다. 반응의 속도가 늦으면 그 정보는 다른 사람에게 흘러들어가 비즈니스 기회의 선점을 놓치게 된다. 정보는 흘러가는 물이다. 언제까지고 나의 처분만 기다리지 않는다.

내가 써먹을 정보가 아니라고 묵힐 것인가

내가 모임을 하면서 제일 많이 접한 일 중 하나가 투자 유치에 관한 것이었다.

한번은 차량용 내비게이션 출시를 위해 투자 유치가 필요하니 도와달라는 요청을 받았다. 지금은 내비게이션이 범용화돼 있지만, 2000년 초반만 해도 차량용 내비게이션이 뭔지도 모르는 사람이 많았다.

나는 그 사업 내용을 검토하면서 사업 연관성을 일단 우리 회사에 대입해보았다. 나는 본래 관리 부문에서 지식과 경험이 있었고, 특히 기획, 자금, 회계 등의 분야에 익숙했다. 사업을 검토해보니 이 내비게이션 아이템은 적절한 시기에 자금 조달만 가능하다면 사업성이 높다고 판단해 내심 투자하는 쪽으로 마음을 정했다.

그래서 회사의 최고 의사 결정권자와 상의했으나, 당시 회사의 여건으로는 투자가 불가능하다는 결론에 이르렀다.

주변의 인맥들을 대상으로 투자자를 찾아보기로 했다. 나의 인맥 데이터가 머릿속에 떠올리며 정보를 한 사람 한 사람씩 '대입'해보았다.

그 결과 몇 명의 투자 후보군이 나왔다. 그중 관심을 보이는 모임의 회원에게 내비게이션 회사의 CEO와 만남을 주선했고, 나도 동석하여 내가 검토한 의견을 객관적으로 설명했다.

이후 그 회원은 내비게이션 회사에 구체적인 자료를 요청하여 면밀한 검토와 협의를 거친 후 투자 결정을 내렸다. 당시 내비게이션 회사는 상품 출시도 안 된 상태의 초기 기업이어서 대부분의 기관투자가들은 관심 밖이었다. 그래서 나는 나의 인맥 데이터베이스에서 개인 엔젤투자자를 물색했고, 결과는 만족스러웠다.

몇 달 후 내비게이션 업체의 CEO가 다시 나를 찾아왔다. 투자를 통해 양산 단계로 들어갔는데, 10억 원 이상의 자금이 추가로 필요하다고 했다. 나의 인맥 중에서 그런 거액을 투자할 개인투자자는 없었다. 나에게 대입해도, 주변 인맥에 대입해도 답이 나오지 않았다.

그렇다면 정보를 묵힐 것인가?

나는 나의 인맥 네트워크 데이터베이스를 검색하여 한 다리 건너 연결될 수 있는 벤처캐피털 회사의 인맥을 찾아냈다. 대우그룹 계열사에 다니던 후배가 그 회사에 근무하고 있었다.

당시 국내 최대의 규모를 자랑하는 그 벤처캐피털 회사는 일본의 미쯔이 벤처캐피털 회사와 함께 수개월의 방문, 실사, 자료 요청 등의 과정을 거친 후 내비게이션 회사에 투자하기로 결정했다.

나는 단지 내가 받은 그 정보를 인맥에 대입하여 연결해줌으로써 처음에는 엔젤투자자가, 그다음에는 벤처캐피털 회사가 투자하도록 내비게이션 회사에 도움을 준 것이다.

나의 역할은 여기에서 멈추지 않았다. 얼마 후 내비게이션 회사의 CEO와 식사를 하면서, 내비게이션에 내장할 GPS 모듈이 필요한데 그것을 저가에 공급할 업체를 찾고 있다는 이야기를 들었다. 대화중에 자연스레 그 말이 나온 것일 뿐 딱히 나에게 요청한 것은 아니었다. 하지만 나는 이 정보를 내가 예전에 근무했던 대우통신의 영업 담당 임원 출신에게 전해주었다.

    비즈니스 소울메이트

그분은 그의 전임 상사가 GPS 모듈을 공급하는 업체의 사장을 알고 있다고 했고, 나는 그 사실을 내비게이션 회사 CEO에게 전해주었다.

마침 GPS 모듈을 생산하는 그 회사는 판로 확보를 모색하던 중이었는데, 나의 연결로 내비게이션 회사를 만나 사업 협의를 하게 되었다. GPS 공급을 희망하는 그 기업은 향후 GPS가 사용되는 내비게이션 시장이 급성장할 것이라고 전망했고, 단지 GPS 공급만이 아니라 내비게이션 회사의 생산자금도 일부 부담하는 전략적인 지분 투자 단계로까지 관계가 발전했다.

그 후 내비게이션 회사는 몇 백억 원대의 매출을 올리면서 코스닥에 입성했다.

몰라도 도움은 줄 수 있다

어떤 분이 원두커피 머신을 가지고 와서 판매 방법에 대해 도움을 청해왔다. 나는 다방커피 세대로, 원두커피를 잘 모른다. 에스프레소가 뭔지 모르는 것은 물론이요, 에스프레소에 물을 타면 아메리카노, 에스프레소에 우유를 넣으면 카페라테라는 것도 얼마 전에야 알았다.

그 정도로 커피에 문외한이지만 일단 무엇이든 정보가 유입되면 인맥과 정보를 연결하면서 문제 해결에 도전하는 게 내 습관이다. 이때에도 나는 인맥 데이터베이스를 검색해 원두커피 머신 구입을 희망하는 사람을 물색했다.

그런 다음 원두커피 머신 구입을 희망하는 잠재고객과 원두커피 머신을 판매하려는 회사의 사장을 연결해주었다.

원두커피 머신은 직접 대금을 받고 파는 것이 아니라 커피머신을 무상으로 공급하고 대신 원두커피를 판매하는 방식이었다.

나는 누가 무엇을 질문하든 대답할 준비가 되어 있다. 그것은 나의 경험과 지식이 대단해서가 아니라 순전히 내 인맥 네트워크의 힘을 빌리기 때문이다.

03

당장 필요 없는 정보도
소중히 여겨라

어느 날 나는 최고경영진의 호출을 받았다. 아무 준비 없이 들어갔는데, 최고경영진이 대뜸 바이오벤처기업의 이름을 하나 대면서 아느냐고 물었다. 뜬금없는 질문이었지만 나는 즉석에서 대답했다.

"네, 압니다."

최고경영진은 오래전부터 그 회사에 투자할지 여부를 검토해왔는데, 최종 결심을 하기 전에 나의 의견을 한번 들어보고자 했다.

나는 그 바이오벤처기업을 이미 알고 있었고, 그 회사의 제품이나 사업 방향 그리고 전망에 관해서 어느 정도 분석해두고 있었다. 나의 인맥인 건축사회 회장을 지낸 이씨 덕분이었다.

그는 개인적으로 투자한 그 바이오벤처기업의 감사를 겸직하고 있었다. 평소 친분이 있던 내게 우리 회사와 협력해서 서로 윈-윈할 방법이 있는지 물어왔고, 나는 사업 검토를 두세 차례 한 뒤라 나름대로 생각이 정리되어 있었다. 그런데 우연히 회사 최고경영진이 투자 대상 기업으로 그 회사를 검토했고, 내게 의견을 물은 것이다.

이 일을 계기로 '인맥으로부터 모이는 정보는 당장 나와 무관하다고 버리지 마라'는 말을 다시 한 번 새겼다. 내가 처음 그 회사에 관심을 가졌던 것은 약 3년 전이었다.

그때는 출시된 제품이 없었기 때문에 우리 회사와 비즈니스로 연결될 만한 고리가 거의 보이지 않았다. 하지만 그와 친분을 유지하며 그 회사를 관심 있게 지켜보고 있었다. 그래서 최고경영진의 투자 결정 과정에 바로 의견을 개진할 수 있었다. 해묵은 정보가 3년이 지나 뒤늦게 빛을 발휘한 것이다.

나는 어떤 정보가 들어왔을 때 다음 다섯 가지 방식으로 그 정보를 나에게 대입해본다. 그것이 내가 정보를 활용하는 방법이다.

첫째, 들어온 정보를 내가 직접 처리할 수 있는지 나에게 대입해본다. 이 경우 나의 역할은 자문advisor 역이다.

입수된 정보가 나의 경험과 지식에 연결되어 있는지 판단해본다. 정보를 제공한 사람에게 조언할 부분이 있다면 자문에 나선다.

들어온 정보가 현재 자신의 지식이나 경험에 비추어 대수로운 것이 아닐지라도 일단 반응하는 게 중요하다. 적극적으로 개입하여 사업적 연결을 시도해보라. 그 실익에 대한 판단은 상대방이 할 것이다. 정보에 반응한 것만으로도 당신은 인맥 관리에서 중요한 역할을 한 것이고, 만약 상대방이 자신감이 없거나 그 일에 필요한 여건을 갖추지 못해 당신의 조언을 받아들인다면 그 일은 당신에게 사업적인 기회가 될 수도 있다.

둘째, 획득한 정보를 나의 인맥을 통해서 처리할 수 있는지 대입해본다. 이 경우 나의 역할은 내부 중개역in-broker이다.

정보가 유입되면 나의 경험과 지식으로 풀 수 있는 것은 한계가 있으므로 자신이 가지고 있는 인맥에 습관적으로 정보를 대입해보라. 획득한 정보를 주변 인맥들과 연결해보면서 '상대방이 어떻게 반응할 것이다' 하는 섣부른 판단은 하지 않는다. 주관적인 판단이 문제 해결에 도움이 되지 않는 경우가 많기 때문이다.

더 나아가 상대방이 현재 하는 일에만 정보를 대입해보지 말고 상대방을 둘러싸고 있는 여러 주변 환경에도 대입해보길 바란다. 예를 들면 그 사람이 속한 기업에 대입해보고, 그 사람이 속한 기업에 연계된 각종 사업과 그 사람의 주변 인물에까지 대입해보는 것이다.

그게 어렵다면 상대방에게 상황을 설명하고 정보를 넘겨준 뒤 기다리면 된다. 상대방이 그 정보에 관심이 있다면 스스로 주변 인맥에 정보를 전달하고 적극적으로 활용할 것이다.

이렇게 해서 그 사람이 공적으로든 사적으로든 그 정보를 활용하게 된다면, 당신은 일단 인맥 관리의 측면에서 당신의 정보를 받은 사람과 그 사람으로부터 정보를 건네받은 사람 모두에게 도움을 주는 중요한 인물로 평가될 것이다.

셋째, 나와 주변의 인맥으로 당장 처리할 수 없다면 제3의 인물이나 공간에 정보를 대입해본다. 이 경우 내 역할은 정보 유통의 외부 중개역

out-broker이다. 최근 인기 있는 온라인 소셜 네트워크를 활용하는 것도 좋은 방법이다.

이것은 대부분의 사람들이 간과하는 방식이므로 특히 유념할 필요가 있다. 사람들은 보통 자신이나 가까운 인맥을 통해 해결할 수 있는 일이 아니면 바로 그 정보에서 손을 떼는데, 이는 지극히 일반적인 대응이자 소극적인 자세다.

이런 정보는 당신이 평소에 잘 이용하지 않거나 친숙하지 않은 공간, 즉 전문가 모임, 카페, 인터넷 게시판 등에 올려놓음으로써 미지의 가능성을 기대해볼 수 있다. 더욱이 요즘에는 각종 소셜 미디어가 발달해 트위터나 페이스북 같은 수단을 활용하면 좋다. 이런 경우 예상치 못한 제3자에 의해 전혀 다른 방식으로 그 정보가 활용될 수도 있다.

수십억 개에 이르는 인터넷 웹페이지에 대한 정보는 19단계의 검색을 거치면 모두 연결된다고 한다.

세상의 연결고리가 이러한데 어떻게 정보 하나라도 쉽게 폐기할 수 있겠는가. 당신이 접근할 수 있는 오프라인 소셜 네트워크를 통해서 또는 속도감 있는 온라인의 소셜 네트워크에 당신이 해결하지 못한 미완성의 정보를 흘려라. "모든 것이 서로 잇닿아 있다"는 말을 믿어보자. 누구일지 모를 '유령인'에게 해결책을 기대어보는 건 신선한 경험이며, 흥미로운 게임이다.

소셜 네트워크 서비스의 하나인 이음넷은 이음신을 통해서 남녀 간의 만남을 주선한다. 이음을 연결해주는 신 역시 인터넷 세상에 존재하는 너도 모르고 나도 모르는 문제 해결의 신이다.

　　　　　비즈니스 소울메이트

넷째, 나와 협력하면 정보 처리가 가능해 보이는 후보군이 있다면 그와 나를 함께 정보에 대입해본다. 이 경우 나의 역할은 공동 협력자_{co-worker}이다.

당신이나 당신의 인맥이 독자적으로 문제를 풀 수 없을 때 제3자를 찾아나서되, 그들과 협업으로 정보를 처리하는 방법이다. 이것은 앞에서 말한 자문에 의한 방식이나 중개에 의한 방식과 달리 정보 제공과 자문을 협력자와 함께하는 방식이다.

다섯째, 앞의 네 가지 방법으로 문제를 해결할 수 없다면 정보를 저장해두고 필요할 때 꺼내어본다. 이 경우 나의 역할은 정보 관리자_{Information supervisor}이다.

정보를 파묻어두고 다시는 꺼내보지 않는 것이 아니라 주기적으로 새롭게 변하는 환경에 대입해보기 위한 저장이다. 당신의 지식과 경험은 계속 변화하면서 발전하고 새로워질 것이다. 또 새로운 인맥을 계속 쌓아나갈 것이다. 일단 정보를 저장한 다음 변한 환경에서 다시 정보를 꺼내어 그동안 업데이트된 새로운 지식과 경험, 그리고 인맥에 대입해 문제의 해결을 시도해본다.

정보의 저장과 대입은 수시로 이루어지며, 정보 관리자는 매 순간 변화하는 환경에 정보를 꺼내어 대입해봄으로써 사업 기회를 찾을 수 있다. 정보의 대입 과정은 생각보다 그리 복잡하지 않다.

더 넓은 인맥과 정보는 나로부터 시작된다는 것을 명심하라

단순히 자신을 공개하는 것에 그치지 않고 인맥이나 사업상의 정보를 체계적으로 운영하고 발전시킬 수 있으면 '인맥의 달인'이요, '인맥의 커넥터connecter', 나아가 진정한 소셜 네트워커(오프라인은 물론 온라인상의 페이스북 등 각종 소셜 네트워크 서비스를 이용할 때 기교에만 매달리지 않고 좀 더 근본적인 원칙이나 최소한의 가치 기준을 가지고 참여함으로써 진정한 소셜 네트워크의 세계에 머무는 사람)로 자리 잡을 수 있다.

인맥에 대한 목마름, 당면한 문제 해결에 목마름을 느끼는 사람이라면 커넥터가 된 사람을 눈여겨볼 필요가 있다.

최근 네트워크 이론이 발전하면서 사회학, 사회정보학, 언론정보학적인 관점에서 인맥(네트워크)을 새롭게 조명한 책들이 심심찮게 나오고 있다. 《링크linked》에서 A. L. 바라바시는 네트워크에 참여한 개인들을 노드

node로 보고 사람과 사람을 연결하는 고리를 링크link로 보면서, 다수의 링크를 갖고 있는 소수의 사람들을 허브 또는 커넥터라 부른다.

사람들 사이에 인맥이 형성되는 과정에서 다수의 중심점 역할을 하는 사람을 커넥터라고 하는데, 이러한 커넥터를 합친 개념으로 좀 더 큰 연결고리 역할을 하는 사람을 슈퍼커넥터라 부를 수 있다. 자연스럽게 커넥터나 슈퍼커넥터는 비즈니스 정보가 유통되는 경로의 중심에 서게 되고, 더불어 인간적 유대관계의 중심에 서게 된다.

내가 지인들의 모임을 만들면서 제일 먼저 한 일은 나의 인맥과 정보를 다른 회원보다 빨리, 처음으로 내놓았다는 것이다.

정보를 공개할 때도 단순히 피상적인 공개가 아니라 보통 사람들의 수준을 훨씬 뛰어넘는 상세한 공개를 했다. 나의 사생활과 관련된 내용도 상당히 많았다.

이렇듯 내가 먼저 인맥과 정보를 충분히 공개하자 그 인맥과 정보를 이용하려는 사람들이 몰려들었다. 내가 그렇게 몰려든 정보와 인맥을 다른 회원들에게 전달하면 할수록 다시 새로운 회원들의 새로운 정보와 인맥이 내게 되돌아왔다. 자연스럽게 정보와 인맥이 유통되는 경로의 중심에 서는 소셜 네트워커가 된 것이다.

그렇다면 소셜 네트워커는 어떤 힘을 가질까?

첫째, 어떠한 문제가 발생해도 대처할 수 있는 최소한의 방법이나 수단을 자신의 인맥을 통해, 또는 인맥의 인맥을 통해 찾아낼 수 있다.

둘째, 비즈니스 기회와 이익 창출의 기회가 늘어난다. 기존 인맥을 통해 누적된 정보가 풍부한 데다 새로운 인맥으로부터 새로운 정보를 수시로 접함으로써 정보의 사업화에 참여할 수 있다.

셋째, 사람을 폭넓게 사귐으로써 인간미나 휴머니티를 접할 기회가 많다. 즉 사람 사귀는 맛을 느낄 수 있다. 내가 주도한 모임에는 형이 동생을 소개해 참여하거나, 오빠가 동생을 소개해 참여하는 등 다양한 형태로 인맥군이 형성되었다.

인맥 통합으로 슈퍼커넥터가 되다

2000년 초의 일이다. 예전 직장 친구가 가끔 우리 회사를 방문했는데, 올 때마다 다양한 정보를 꺼내놓았다. 어떤 아이템을 소개하며 우리 회사에서 관심이 있는지 물어보기도 하고, 구체적인 사업 계획을 제시하며 공동사업 제안을 하기도 했다.

매번 새로운 비즈니스 아이템을 제안하는 그의 정체가 궁금해졌다. 그래서 어느 날 늦은 시각에 찾아왔기에 저녁식사 겸 소주 한잔하면서 물어보았다. 알고 보니 그 친구는 요즘 말로 모임의 '짱'이었다. 자신이 주관하는 모임의 각종 사업 이슈들을 네트워킹해주는 역할을 하는 커넥터였던 것이다.

이후 만남이 몇 차례 반복되면서 그 친구의 사업적 제안에 나도 구체적으로 반응해주었다. 친구가 제안한 사업을 내가 아는 정보와 인맥을 동원해 상세히 판단한 다음 그게 사업이 되는 이유, 안 되는 이유 등을 설명해주었다. 각자 아는 정보를 피드백하다 보니 그 친구가 인맥과 정

                                      비즈니스 소울메이트

보에 관해서는 만만치 않은 내공을 지녔음을 알게 되었다.

한번은 그 친구가 자신의 인맥을 열거하더니 내가 하는 모임과 합치자는 제안을 했다. 그렇게 해서 우리 모임에 그 친구 모임의 회원들이 참여하게 되었다.

당시 새로이 참여한 회원들은 지금 주도적 역할을 하면서 우리 모임을 이끌고 있다. 이것을 계기로 나는 마치 커넥터에서 슈퍼커넥터로 부상한 듯한 느낌이 들었다. 즉, 정보와 인맥이 유통하는 경로에 선 사람으로서 확고한 위치를 가지게 된 셈이다. 회원들 사이에 인맥과 정보가 늘어나자 비즈니스 성과도 늘면서 더불어 인간적인 유대의 폭도 점점 넓어졌다.

인맥을 확대할 때 보통 처음에는 한 사람 한 사람을 선별하여 영입하는데, 이미 그룹화되어 있는 대형 인맥과 결합하면 좀 더 다양한 인맥을 한꺼번에 얻을 수 있다. 인맥 간의 M&A라고 할까.

이 경험 이후로 나는 인맥과 인맥 간의 결합에 대해 더욱 관심을 가졌다. 인터넷 마케터 모임, 등산 모임, 지역 모임(여의도 포럼, 강남 포럼 등) 등과 같이 어떤 목적을 가지고 참여하는 각종 온라인과 오프라인 모임에도 관심을 두게 되었다.

국내에서는 '링크나우'란 인맥 서비스가 오픈한 지 약 5년 만에 15만 명의 회원을 거느리며 비즈니스 인맥 중심의 대규모 소셜 네트워크 서비스를 하고 있다. 외국에는 마이스페이스, 페이스북 등이 활성화되어 있다.

내가 당시에 네트워크 이론을 알고 모임의 운영에 학문적인 개념을 도입한 것은 아니었다. 그럼에도 결과적으로는 소셜 네트워크의 전문가로 변신해 있었다.

뭐라 딱 꼬집어 설명하기는 어렵지만 사람들 사이에서 그리고 좁게는 회원들 사이에서 어떤 현안이 발생하면 내가 어떻게든 그 문제를 풀 수 있다는 자신감도 생겼다.

예를 들어 모임의 회원인 기업 경영자가 증자를 고민하고 있다면, 엔젤투자자 또는 벤처캐피털의 CEO나 핵심 의사 결정자를 소개해줄 수 있었고, 신제품 출시 후 판매처를 고민하는 사람에게는 판매 방식에 관한 아이디어를 다양하게 제공해줄 수 있었다. 급하게 항공권이 필요한 사람에게는 항공여행사 사장에게 직접 부탁한다. 하다못해 동네 주민끼리 싸움이나 법적인 문제가 생겼을 때도 관할 경찰서의 아는 분을 통해 원만한 해결에 도움을 줄 수 있었다.

이렇듯 대부분의 일은 내가 직접 처리하는 게 아니라 주변의 인맥과 정보를 조합하여 네트워킹해주는 방식으로 해결했다.

이러한 가운데 나는 인맥과 정보를 확대하고 재생산하는 일에 익숙해졌다. 지금은 나의 사고방식과 생활방식으로 몸에 배어 있다.

인맥 관리, 정보의 네트워크에 있어 프로의 수준에 서게 된 핵심적인 출발점은 무엇이었을까? 원칙은 간단하다. '나의 인맥과 정보를 상대방에게 먼저, 자세히 공개한다'는 것이다. 이것이 상대방의 관심을 끌어내고 연결고리의 단서가 되어 인맥이 인맥을 불러 모으면서 스스로 그 영역을 확대해나갔다.

05

깊이 있게 만나려면
인맥의 범위를 정하라

인맥 관리의 대상을 소수로 제한하기 쉬운데, '관리'라는 측면에서 적극적으로 사람을 만나면 인맥이 인맥을 연결해 수십 명, 수백 명까지 될 수 있다. 트위터 같은 소셜 미디어에서는 인맥으로 연결된 사람의 숫자, 즉 팔로워follower가 수만, 수십만에 이르는 사람도 있다.

미국의 버락 오바마 대통령은 1000만 명, 가수 레이디가가는 1100만 명의 팬을 거느리고 있다고 한다.

개인 차원이 아니라 기업의 고객 관리나 기타 특수한 목적을 염두에 두는 인맥 관리라면 수백만, 수천만 명까지도 가능한 시대다.

비즈니스맨을 위한 인맥 네트워크 서비스를 하는 링크나우에서도 약 15만 명의 회원이 그 안에 자신의 인터넷 홈페이지를 개설했다. 링크나우는 이메일 공지를 주된 커뮤니케이션 수단으로 삼아 회원을 관리

한다. 또한 유료회원의 경우 다른 회원과의 인맥 연결을 보다 쉽게 하고 프로필을 다른 회원보다 우선 노출되도록 해줌으로써 서비스를 차별화한다.

네이버나 다음 같은 포털사이트는 직접 운영자를 두어 수백만 명의 회원을 관리하면서, 별도로 각 소규모 단위의 자율적인 목적을 갖는 각종 카페에 운영진(시솝)을 둔다. 이들이 각자의 목적에 맞게 회원을 관리하는 것이다.

나의 경우는 오래전부터 명함 관리 프로그램을 활용하여 늘어나는 인맥 데이터를 관리하고 있다. 매달 정기적으로 참여하는 오프라인 모임은 세 곳 정도다. 지인 중심의 비즈스페이스 모임, 인터넷 인맥 중심의 링크나우 모임, 교회 모임이다.

내가 쓸 수 있는 시간이 제한적이기 때문에 오프라인 모임을 이 정도로 압축하고, 대신 온라인 인맥을 강화하고 인맥 데이터를 지속적으로 관리하고 있다. 페이스북과 트위터에 홈페이지나 계정을 가지고 시간적, 공간적 제약을 극복하여 다른 사람과 네트워킹하려 노력하고 있다.

나의 인맥 데이터는 5000명을 넘은 지 오래다. 기본적인 명함 정보 외에 처음 만나게 된 동기와 진행되는 현안 중심으로 컴퓨터에 메모하고, 중요한 인물은 따로 구분하여 관리한다.

　　　　　　　　　　　　　　　　　　　

인맥이 많아서 생기는 문제

"많은 친구를 얻는 자는 해를 당하게 되거니와 어떤 친구는 형제보다 친밀하니라." 성경 잠언에 나오는 말인데, 많은 사람들과 네트워킹하는 요즘에도 시사하는 바가 크다.

네트워킹되는 인맥이 늘어나면 늘어날수록 상호 간의 이해관계를 잘 조정하는 것이 중요한 화두가 된다. 인맥이 많다 보면 서로 다른 이해관계가 부딪히기 때문이다.

우리 모임에서도 그런 일이 있었다. 꽃을 판매하는 사업자가 회원으로 들어왔다. 그분의 목적은 꽃 판매를 많이 하여 돈을 버는 것이므로 모임에서 그분의 꽃 판매를 어떠한 방식으로든 도와줘야 한다고 생각했다.

회원들도 서로 돕는다는 모임의 기본적인 취지를 공감하는 터라 개인적으로나 회사 차원에서 꽃 배달 주문을 해주었다.

그런데 차츰 꽃 배달 주문이 시들해졌다. 상황을 확인해보니 주문이 시들해진 데는 이유가 있었다. 꽃 판매 회사의 제품이나 서비스가 나빠서가 아니라 주문한 회원들에게 돌아오는 것이 없었기 때문이다. 꽃 판매 회사에는 주문이 금전적 이익으로 이어지는 반면 주문을 한 회원은 아무런 실익 없이 그냥 상대를 도와주는 입장이었다. 그러다 보니 아무리 순수한 마음으로 하는 일이라 해도 소개나 홍보가 단발로 그치고 지속되지 않았다.

나는 꽃 판매 회사의 대표에게 회원이 주문을 할 경우 소정의 사례를 하는 것이 좋겠다고 권유했고, 그 회원은 흔쾌히 동의해주었다.

이후에도 나는 회원들의 다양한 사업상의 목마름을 적극적으로 소개하면서 사업 아이템을 관심 있는 회원들에게 연결해주었고, 성공 사례도 계속 쌓여갔다.

더불어 많은 회원들의 비즈니스가 발굴되고 교류되고 체계화되어갔다. 꽃 판매 사업 외에도 인테리어, 기업 경영 컨설팅, M&A, 투자 유치, 콘도 회원권 판매, 정책 자금 유치, 헤드헌팅, ISO 규격 인증 등 각종 사업 분야의 회원들이 유입되었고, 그들이 필요로 하는 내용이 하나하나 체계적으로 소개됐다.

그런데 이번에는 새로운 문제가 하나둘 생겨났다.

한번은 모임의 회원인 서 사장이 자신의 친구와 지인을 중심으로 별도의 모임을 만들려고 하는 일이 벌어졌다. 나는 처음에는 상당히 실망하고 당혹스러웠는데, 사정을 듣고 보니 이해가 됐다. 서 사장의 부인이 바로 꽃 판매 사업을 하고 있었다.

안타깝게도 먼저 소개된 회원은 꽃 판매 아이템이 지속적으로 운영되고 있는 반면, 서 사장은 몇몇 회원이 조금씩 돕고 있을 뿐 적극적인 도움은 받지 못하고 있는 상태였다.

그 후에도 이해관계가 충돌하는 사례가 있었다.

인테리어 회사를 경영하는 이 사장이 회원으로 가입했다. 그는 처음부터 큰 기대를 가지고 모임에 참여했다. 보통은 회비를 낼 경우 어떤 서비스를 제공받는지 자세히 물어보고 이것저것 따지고 계산을 해보고 나서야 회비를 내는데, 이 사장은 회비 외에 기부금까지 흔쾌히 내고 참

  비즈니스 소울메이트

여했다.

이 사장이 들어올 당시에는 인테리어 분야 쪽에 종사하는 회원이 없었다. 그래서 나는 인테리어가 필요한 회원에게 도움이 될 것으로 기대했고, 이 사장도 은근히 회원들로부터 들어오는 주문과 사업적 이익을 기대했다. 하지만 약 2년이 지나도록 이렇다 할 성과가 없었다. 그래도 그는 인내심 있게 모임에 참석했고 마침내 한 회원으로부터 억대의 인테리어 설치 공사를 주문받았다.

이 사장은 얼마 후에도 억대의 인테리어 계약을 수주하는 등 일이 잘 풀려갔다. 회원들은 기꺼이 축하해주었고, 나로서도 이 사장의 기대에 부응할 수 있어서 매우 기쁘고 다행스러웠다.

그런데 몇 년 후 송년회에서 곤란한 일이 벌어졌다. 부동산 컨설팅을 하는 김 사장이 자신의 협력사라고 하면서 인테리어 업체를 운영하는 다른 회사의 사장을 동반하고 나온 것이다.

모임의 회원 가입에 특별한 제한은 없었다. 특히 우리 모임은 개방성을 중시하고 궁극적으로는 소셜 네트워크 서비스(SNS, 인맥 구축 서비스)를 지향했으므로 회원 가입에 제한을 두는 것이 오히려 이상한 일이었다. 업종과 아이템이 같다고 해서 배타적으로 밀어내는 것이 아니라 참여가 가능한 구조였다.

그래서 인테리어업을 하는 회원이 두 명이 되었다. 이 사장의 입장에서는 오랜 기다림 끝에 약간의 사업적 성과를 가져가고 있던 참인데 갑자기 경쟁자를 만난 셈이었다. 새로운 회원 역시 기대를 갖고 나왔는데 기존 회원 중에 이미 같은 업종의 사업자가 있어 왠지 껄끄러운 입장이 되었다.

이런 경우 두 사람 모두 윈-윈하는 방법은 없을까?

이 문제에 대한 해결책으로 내가 주목한 것이 바로 BNI www.bnikorea. com이다. 여기서는 같은 사업자들의 이해관계를 조정하는 방법으로 별도의 소그룹(챕터)을 만들어 같은 업종에 한 사업자만이 참여하도록 운영하고 있었다.

우리 운영진은 인테리어업에서 각자 역할 분담을 하는 방안을 구상했다. 이 사장은 인테리어 분야 중 상가나 상업시설 분야에 특화되어 있었고, 새로 가입한 회원은 기업 인테리어 분야에 전문성을 가지고 있으므로 서로의 영역을 존중해주자는 것이었다. 혹시 상대 분야에 대한 인테리어 수요가 있는 경우에는 아웃소싱을 서로 주고받도록 권했다.

많은 사람들이 모임에 참여하면 할수록 이런 이해관계의 상충은 피할 수 없는 일이기에 늘 조심스럽다.

통제할 수 없다면 인맥이 아니다

앞의 사례들은 인맥이 늘어나거나, 모임이 커지면서 발생하는 비즈니스적인 트러블 상황이다. 꽃 배달과 인테리어 사업 외에도 헤드헌팅, M&A 등 다른 분야에서도 비슷한 중복과 경쟁이 있었다. 그때마다 시장 원리에 따라 자율경쟁을 하도록 하거나 조정 과정을 거쳤다.

인맥은 넓고 다양할수록 좋다. 많은 사람을 알면 그만큼 문제 해결도 쉽고 사업 기회도 늘어난다. 그러나 인맥이 넓어지다 보면 부작용도 뒤따르게 마련이다. 관리할 수 없을 정도로 인맥이 방만해지면 실효성이 적어지는 것이다.

대한민국의 모든 사람과 알고 지낸다면 그것을 인맥이라 할 수 있을까? 프로축구를 보러 갔는데 양쪽 팀 선수를 다 안다면 어느 쪽을 응원할 것인가? 두 식당의 주인과 모두 친하다면 어느 집으로 갈 것인가? 번갈아가며 한 번씩 간다면 당신은 그 식당의 최우량 단골이 아니라 그저 어정쩡한 고객일 뿐이다. 두 식당 주인 모두를 아는 것보다 한 명의 식당 주인과 확실한 친분을 맺는 것이 훨씬 실속 있다.

인맥은 넓을수록 좋지만 적절한 한계 범위가 있어야 한다. 자신이 관리 가능한 한계를 넘어서게 되면 마치 자동차의 기어를 중립에 놓고 가속페달을 밟는 것과 같이 효율이 전혀 나지 않을 수도 있다. 수만 명이 가입한 인맥 사이트보다는 500명의 회원이 있는 인맥 사이트가 더 실속이 있을지 모른다. 생각해보라! 만약 김연아 트위터에 당신이 혼자 처음 들어가 있는 경우와 36만 명이 넘는 팔로워가 있는 경우 서로 커뮤니케이션이 이루어질 가능성이나 기회는 완전히 다르다. 따라서 깊이 있는 인간관계를 원한다면 인맥의 범위에 적절한 울타리가 있어야 한다. 그러는 가운데 나의 핵심 인맥이 서서히 간추려지고 보이지 않는 등급이 매겨진다.

인맥에 등급을 매긴다는 것은 다분히 자의적이고, 목적 중심이 된다. 미국의 비즈니스 중개 전문 사이트인 BNI가 나누어놓은 인간관계의 6등급을 참고해보자.

- 1등급, 본 적이 있는 사람accidents : 우연히 만난 사람

- 2등급, 그냥 아는 사람acguaintances : 소개로 만난 사람, 필요한 경우 만날 수 있는 사람

- 3등급, 회원·동창·동료associates : 같은 단체, 학교, 직장에 소속된 사람

- 4등급, 잘 아는 사람actors : 관심사, 사업 정보, 선물 등 무언가를 주고받는 사이

- 5등급, 친한 사람advocates : 기회가 되면 개인적, 사업적으로도 도움을 주는 사이

- 6등급, 아주 친한 사람allies : 속내를 털어놓고 서로 자기 일처럼 적극적으로 도와주는 사이

비즈니스 소울메이트

06

주변 인맥을
활용하자

"나 화직이야! 잘 지내지?" 고등학교 동창의 전화였다. 이름이 낯익은데도 나는 선뜻 뒷말을 이어가지 못했다. 졸업 후 너무 많은 시간이 흐른 것이다. 우리는 통화를 마치면서 가까운 장래에 만날 것을 약속했다.

며칠 후 만났을 때 화직이는 다른 동창생의 소개로 내 연락처를 알게 되었다며, 얼마 전 사업을 시작했다고 했다. 효성그룹을 거쳐 IBM에서 본부장을 한 뒤 HSBC라는 외국계 은행의 리테일 담당 전무를 끝으로 창업을 한 것이다.

친구의 이력은 일관성이 있었다. 국내에서 처음으로 CRM(고객관계관리)에 관한 책을 냈을 정도로 그 분야의 전문가였고, 직장 경력도 그 분야에 집중되어 있었다. 따라서 창업한 아이템도 동영상으로 고객 관리를 할 수 있게 도와주는 동영상 고객 관리 솔루션이었다.

그는 자신이 개발한 솔루션을 의료기관에 공급하려고 애쓰는 상황이었는데 마침 내가 다니는 회사의 고객이 의료기관이라는 것을 알고 사업적 협력을 구하고자 했다.

이후 나는 친구 회사의 솔루션에 대한 사업적 타당성을 검토해보도록 업무 협의 미팅을 주선했고, 응용 가능한 분야가 다수 있음을 감지하고 추가로 관련 분야에도 소개해주었다. 하지만 어느 곳에서도 사업적인 성과가 나오지 않아 아쉬웠다

그동안 친구는 나름대로 거래처를 계속 발굴해 나가고 있었다.

그러던 어느 날 우리 회사와 협력 관계에 있던 회사의 임원이 사업 제안을 해왔다. 사업 아이템은 CS Live라는 솔루션이었는데, 고객의 불만.사항을 실시간으로 온라인 접수하여 처리하는 일종의 고객 관리 솔루션이었다.

나는 기능은 다르지만 고객 관리라는 공동의 목적을 가진 솔루션을 접하게 되자 당연히 상호 간의 연관성에 주목했다. 하지만 느낌이었을 뿐 두 솔루션 간의 구체적인 연관성은 보이지 않았다.

그래서 나의 인맥으로부터 들어온 정보를 다른 인맥에 던져보는 습관에 따라 CS Live란 솔루션의 효용성을 친구에게 물었다.

친구는 단번에 의견을 냈는데, 두 가지였다. 하나는 자기가 판매하는 솔루션과 연관되니 소개해달라는 것이었고, 다른 하나는 병원에서 처방전 발급 등을 목적으로 키오스크KIOSK를 운영하는데 그 키오스크에 내장하여 고객 관리를 하면 좋을 것이라는 의견이었다.

나는 키오스크란 말에 정신이 번쩍 들었다. "아니! 우리 회사가 의료

기관에 키오스크를 공급하고 있잖아?" 그런데 어째서 그 솔루션을 키오스크에 내장하여 사용할 수 있다는 생각을 못했을까? 나는 친구의 조언을 기쁘게 받아들였다.

친구의 조언 덕분에 CS Live라는 솔루션이 우리 회사에서 영업적으로 활용되었고, 친구도 그 솔루션을 자신의 솔루션 판매에 덧붙여 활용하게 되었다. 서로 윈-윈하게 된 것이다.

우리는 온라인으로 혹은 오프라인으로 우리의 인맥 네트워크에 흐르는 유용한 정보들이 있음에도 지식과 경험의 한계 때문에 그것을 제대로 활용하지 못한다.

남은 쉽게 아는데 나는 모르는 것이 참 많다. 내 부족한 지식을 탓할 수도 있겠지만 그것은 내가 보고 배운 경험과 지식이 주변 사람들의 그것과 같지 않기 때문이다. 내가 애써 찾아야 하는 일도 주변 사람들은 쉽게 찾아 활용한다. 주변의 좋은 인맥과 잘 소통하는 것이 내 일을 잘하는 것만큼이나 중요한 이유다.

나는 CS Live라는 솔루션을 친구를 통해 이해하고 우리 회사의 사업에 접목하면서 나와 다른 경험과 지식을 가진 인맥을 풍부히 쌓아 내 주변에 흐르는 정보를 놓치지 않고 활용해야겠다고 다시 한 번 느꼈다.

도와달라는 사람에게
끝까지 성심을 보여라

도움을 요청받았을 때 무성의한 반응을 보인다면 주변 사람이 떨어져나가는 것은 시간문제다. 물론 좋게 거절하면 된다고 말하는 사람도 있겠지만 여기서는 도움을 주거나 도움 요청에 대해서 문제를 풀어가는 이야기를 해보자.

나의 경우 인맥의 대부분이 주로 기업가나 의사 결정권을 가진 위치에 있는 사람들이며, 그들의 가장 보편적인 요구 사항은 자금이 필요하다는 것이다.

자금이 필요하다는 문제를 해결하려면 어떻게 해야 할까? 가장 쉽게 떠오르는 방법은 이야기를 들어보고 내가 일정 조건을 제시해 직접 투자를 하는 것이다.

하지만 모든 사람이 요구하는 자금 문제를 내가 직접 해결해줄 수는

비즈니스 소울메이트

없다. 상대도 반드시 그것을 바라지는 않는다. 나의 인맥 네트워크를 통해 투자 유치 같은 방법으로 도움을 받으려고 한다.

그렇다면 투자를 원하는 다른 사람에게 연결해주면 된다. 그런데 투자자도 여러 종류가 있다. 소액을 투자하는 엔젤투자자, 전문적으로 자본 이득을 취득하려는 창업투자회사, 기업을 상장시키고 자본 조달을 통해 투자기업의 이익을 장기적, 지속적으로 가져가려는 증권사 등 투자 방식과 자금 운영 방식이 제각각 다르다. 그중 어디로 연결해야 자금 문제가 해결될지 최적의 적임자를 찾는 문제가 남는다.

투자처를 찾았으나 최종적으로 문제를 해결하지 못하는 경우도 있다. 그렇다면 이번에는 차입이 가능한지 알아보아야 한다. 여기서도 다양한 경우의 수가 있다. 정부에서 제공하는 정책 자금을 활용해 차입을 할지, 은행권을 이용해 차입할지, 아니면 사채라도 조달해야 할지. 이때도 역시 차입의 규모와 조건을 파악하고 그에 맞는 자금 조달이 이루어지도록 해야 한다. 아니면 다시 상황을 풀어나갈 인맥을 찾아주거나 조언해주어야 한다.

그런데 투자도 못 받고 차입도 안 되어 자금 조달을 위한 직접적인 해결에 실패한다면 이 문제는 그대로 종결되는가? 그렇지 않다.

이번에는 왜 자금을 조달하려고 했는지에 다시 주목해야 한다. 일반적인 자금 조달 방법이 통하지 않았으므로 접근법을 달리하기 위해 처음으로 돌아가는 것이다.

자금을 조달하고자 했다면 자금 사용처가 있었을 것이고, 바로 그 자금 사용처에 대한 제반사항을 살펴보고 자금 결제 조건을 개선하는 방법으로 자금 문제를 우회적으로 해결할 수도 있다.

물품 구입 대금을 위해 자금이 필요했다면 물품을 공급하는 회사를 찾아가 사업의 비전을 알려주고 결제 시기에 대해 양보해줄 수 있는 사람을 소개해준다든지, 아니면 더 좋은 조건으로 결제할 수 있는 물품 공급 회사를 찾아내는 방법이 있다. 수출에 관한 결제 문제였다면 수출금융을 통하거나, 외국의 구매선과 협상할 수 있는 능력을 가진 인맥을 연결해 협상력을 높이는 방법도 있다.

그것도 아니라면 자금 결제 방식에 매달리지 말고, 보유하고 있는 상품이나 제품을 판매해 자금의 유입을 가져옴으로써 자금 문제를 해결하는 방법도 찾을 수 있다. 즉 영업에 도움을 준다거나 결제 조건을 개선할 수 있는 판매처를 찾아주는 것도 자금 문제를 해결하는 방법이다.

나는 지금 자금 조달이라는 한 가지 문제를 해결하기 위해 상황을 분석하고 다각도로 해결 방법을 찾는 것에 대해 이야기하고 있다. 이처럼 문제를 둘러싼 모든 사항을 충분히 고려해야만, 내가 보유한 인맥과 정보의 네트워크를 최대한 활용할 수 있다.

자금 문제를 해결하는 데도 이렇게 다양한 접근법이 있다. 그렇다면 인맥이 늘어남에 따라 동반하는 다양한 요구 사항을 풀어내기 위한 방법은 무엇일까?

무한대로 늘어나는 요구 사항을 혼자서 분석하고 정보를 대응하여 풀어내는 것이 가능할까?

여기에서 우리는 자연스럽게 다시 네트워크의 힘에 주목하게 된다. 나의 인맥이 가지고 있는 지식과 경험, 그리고 정보를 활용하여 문제를

  비즈니스 소울메이트

푸는 것이다. 나의 인맥 네트워크에 있는 사람들은 자신의 요구 사항보다는 상대의 요청 사항을 들어줌으로써 사업적 이익을 확보하는 경우가 의외로 많다.

사람들은 누구나 자기 욕구만 말하는 것 같지만, 자세히 들여다보면 상대의 욕구를 채워주고 사업적 이익을 가져가려는 인맥들과 어느 정도 균형을 이룬다는 것을 발견할 수 있다. 마치 시장에서 수요와 공급의 원리가 적용되듯이 서로 간의 요구 사항들 또한 수요와 공급이 맞춰지면서 전달되고 해결된다.

인맥의 확장은 그 자체로서 많은 요구 사항을 만들어내기도 하지만, 스스로 다양한 해결책을 만들어내기도 한다. 이로써 나는 여러 문제에 대한 대응력을 키울 수 있었고, 지금은 나의 인맥 관리를 자유롭게 하는 핵심 수단으로 작용하고 있다.

CHAPTER 3

예상치 못한 사람에게서
문제가 해결된다

자기 공개와 정보 공유의 가장 큰 혜택은
어떤 문제나 비즈니스적 이해가 걸렸을 때
쉽게 해결책을 찾을 수 있다는 것이다.
매일매일 만나는 사람들을 소중히 여기고 최선을 다한다면
내가 어려울 때 생각지도 못했던 곳에서 문제를 해결해줄 사람이 나타난다.
보통은 문제가 생겨야만 도움받을 사람을 떠올리는데,
일이 생겼을 때만 나타나는 사람은 결코 환영받지 못한다.
따라서 좋은 관계란 좋은 사람을 선택하는 것이 아니라
좋은 관계가 되도록 내가 만들어가는 과정이다.

인맥과 정보를 공유하는 사람이 성공한다

대부분의 사람들이 어떤 문제가 생기면 그제야 '나를 도와줄 사람은 누구인가?' 하고 절실하게 인맥의 필요성을 느낀다. 일이 처리되고 나면 인맥의 중요성을 실감했던 그 순간을 쉽게 잊어버린다.

나는 대우통신 기획실에 입사했던 사회 초년병 시절에 정부 부처에 관계된 일을 담당했다. 주로 정부기관의 인허가와 관련해 실무를 처리했는데, 그때만 해도 관공서의 문턱이 높아서 서류를 들고 찾아가 설명하려면 담당자를 만나는 것도 여간 힘든 일이 아니었다.

지금은 정부기관의 인허가가 상당 부분 하위 기관이나 민간으로 이관되어 있지만, 1980년대만 해도 대부분의 인허가 업무는 중앙부처의 권한이었다. 그래서 대기업들은 정부 부처를 상대하는 대對관청 업무 전담부서를 따로 두었다.

당시 나의 상사는 내가 정부 부처를 드나들면서 공무원을 상대로 하는 일에 스트레스를 받고 있다는 것을 잘 알고 있었지만 오히려 나를 엄하게 다그쳤다. "일이 있을 때만 찾아가면 언제 부처 담당자들과 편하게 이야기할 수 있나? 적어도 하루에 한 번은 과천 청사에 다녀와!"

특별한 용건이 없어도 매일 찾아가 인맥을 만들라는 얘기였다.

그렇게 3년간 과천 정부청사를 거의 매일 드나들었다. 그러자 내가 드나드는 부처 직원들의 경조사를 그곳 직원들보다 더 잘 알게 되었고, 부처 내의 행사나 그 밖의 상황에 대해서도 환히 꿰고 있을 정도였다. 공식 인사 발령이 나기 전에 내가 먼저 해당 관계자에게 전해줄 때도 있었다.

나는 그때 얻은 정보를 회사에 자랑스럽게 보고했지만 상사들은 별로 대단하게 생각하지 않았다. 과장, 부장 그리고 임원진들은 대관청 업무로 잔뼈가 굵은 베테랑들이었다. 정부기관 업무만 20년 넘게 맡다가 임원까지 승진한 분도 있었다. 모두 나 이상으로 인맥과 정보를 관리해 왔던 것이다.

회사 간부들은 일이 생길 때만 사람을 찾는 식의 단발성 인맥 관리는 하지도 않았다. 그렇게 해서는 절대 원하는 것을 얻을 수 없다는 것을 알았다.

나중에 다른 부서로 옮기면서 내가 파악하고 있던 관련 기관 인맥 정보를 인수인계했다. 인맥 장부의 대물림인 셈이다.

내가 다니던 회사에서는 자기 사업 분야와 관련되는 인맥을 체계적으로 관리하고 있었다. 그러니 현존하는 굴지의 대기업들은 인맥 관리의 수준이 어느 정도일지 짐작할 수 있을 것이다. 체계적인 인맥 관리와 정보의 대물림으로 현재 대기업의 정보력은 언론사나 어떤 정보기관보다 막강할 것이라는 생각이 든다. 정보력이 바로 사업 능력이 되는 것이다.

사람들은 일이 닥쳐야만 인맥을 구한다. 못 찾으면 아쉬워하면서 잊어버리고, 다행히 인맥을 찾아 도움을 받으면 잠시 고마워하고는 또 잊어버린다. 고작해야 명절 때 과일 한 상자를 보낼 뿐이다.

그러나 인맥 관리에 적극적인 사람은 결코 그렇게 하지 않는다. 평소에 늘 인사하고 연락하며, 때가 되면 짧은 문자 메시지, 작은 선물이라도 잊지 않는다. 여기에 더해 지금은 상대가 운영하는 홈페이지에 댓글 달기, 동영상 인사 보내기, 스마트폰을 활용해 응답하기 등 여러 수단을 동원해 거의 실시간으로 교류한다. 급할 때만 연락하는 사람에게 자기 일처럼 도와줄 이는 없다.

상대방과의 교류는 아무런 이해관계가 없을 때 하는 것이 더 효과적이다. 그래야 사심이 없어 보이고, 당장 해결해야 할 문제가 없으므로 조바심 내지 않고 만날 수 있다. 편하게 사람을 만날 수 있으니 상대가 보기에도 여유롭고, 본인도 스트레스를 받지 않는다.

예상치 못한 제안에 기회가 있다

당신이 꽃 배달 사업을 준비하고 있다고 가정해보자. 사업상 도움을 청하기 위해 당신은 모임이나 카페 회원들에게 이메일을 보낸다. "꽃 배달을 성사시켜주면 매출액의 10퍼센트를 사례하겠다"는 내용이다.

이때 당신은 다음과 같은 몇 종류의 회신을 받을 수 있다.

① 내가 직접 꽃 배달 주문을 하면 10퍼센트 할인을 받을 수 있는가?

② 내가 잘 아는 기업체가 있는데 그곳으로부터 대량 주문을 받도록 해주면 주문액 중 10퍼센트보다 많은 비율의 사례금을 내게 제공해줄 수 있는가?

③ 협회나 단체의 인터넷 홈페이지에 배너를 연결해주고 주문이 있을 경우 일정액의 수수료를 받을 수 있는가?

④ 마일리지를 활용해 마케팅을 하는 회사인데 마일리지를 소진하는 방식으로 하여 VIP 고객에게 꽃 배달을 할 경우에 10퍼센트 할인을 받을 수 있는가?

⑤ 내가 귀사의 지역 사업권을 받아 꽃 배달을 할 수 있는가?

⑥ 프랜차이즈 형태로 가입해 꽃 배달을 할 수 있는가?

당신이 보낸 이메일은 "꽃 배달을 성사시켜주면 매출액의 10퍼센트를 사례하겠다"는 내용이었는데, 이에 대한 접근 방식은 실로 다양하다는 것을 알 수 있다. 당신이 보낸 이메일과는 동떨어진 내용인데도 오히려 귀가 솔깃해지는 신선한 제안도 있다.

바로 이런 것이 문제 해결의 가능성이다. 이렇듯 한 가지 현상을 두고도 사람마다 접근 방법이 다양하다. 특히 인맥을 활용하여 비즈니스를 하려는 사람은 자기가 제안을 했든, 반대로 제안을 받았든 간에 예상치 못한 상황이 벌어질 수 있음을 항상 염두에 두어야 한다. 그래야 예상치 못한 피드백이 와도 활용을 잘할 수 있다. 온라인 댓글 중에는 기발한 아이디어들이 눈에 띈다. 거기서 문제풀이의 힌트를 찾을 수 있는 것과도 유사하다.

당신의 인맥이 나름대로의 해결책을 가지고 다가올 것이다. 그들은 단지 자신의 이해와 필요성 때문에 제안해오는 것인데, 나에겐 문제 해결의 열쇠가 되기도 한다.

또 다른 문제를 생각해보자. 육지에서 멀리 떨어진 섬에 펜션용 부동산이 있다. 만일 이것을 매각해야 한다면 당신은 어떤 방법을 쓸 것인가? 여러 가지 방향에서 매수자를 찾기 위한 수순을 밟을 것이다.

① 섬 현지의 부동산 중개업자에게 매각을 의뢰한다.
② 섬의 홍보용 책자나 신문에 부동산 매물을 게재한다.
③ 해당 부동산에 대한 투자자들의 접근성이 낮으므로 인터넷으로 섬 밖의 외지인에게 홍보한다.
④ 섬을 찾는 관광객 중 펜션에 관심 있는 사람들에게 광고한다.
⑤ 펜션을 보유한 인접 토지 소유자에게 매각을 의뢰한다.
⑥ 주변 사람들에게 홍보해 펜션용 부동산의 매각이 성사되는 경우 상당한 사례금을 주겠다고 제안한다.

　이것은 펜션 매각을 위해 내가 63모임에서 공개 퀴즈처럼 제안했던 것이다. 현금화를 하기에는 유동성이 낮은 섬의 펜션 부지를 어떻게 매각할 것인가 하는 문제였다.

　이 일은 결국 ⑤번의 경우로 성사되었다. 인맥과 정보를 제대로 활용하면 다양한 제안과 해결책이 나올 수 있다는 것을 알 수 있다.

02

때론 예기치 못한 사람에게서
도움을 받는다

누군가에게 도움을 청할 때 우리는 그 한 사람에게만 집중하게 된다. 그 사람과 가까워지려 하고 그 사람의 움직임에만 신경을 곤두세우느라 주변 인물들에게는 소홀해진다.

그러나 문제를 해결하기 위해서는 내가 집중하고 있는 그 사람의 주변을 돌아볼 필요가 있다. 문제 해결의 키맨이라 여겼던 이의 주변 사람들에게도 키맨과 같은 비중의 관심과 주의를 기울이면 놀라운 변화를 경험할 수 있다.

힘이나 지위는 어떤 한 사람에게만 있는 게 아니라 그가 속한 집단 전체에서 만들어진다. 사회가 다원화해 회사나 조직이 클수록 조직 내부의 업무 분장과 권한의 분산이 가속화되기 때문에 더욱 그렇다. 대형 프로젝트라면 여러 부서가 관여하고, 외주 협력업체까지 관계하므로 의

사 결정 체계가 복잡해진다.

한 국가의 대통령도 모든 일을 자기 혼자 결정하지 않는다. 어떤 절대 권력도 그 주변에 조언자가 있고, 일을 집행하는 실무자가 있다. 권력자 한 사람에게 집중된 인간관계는 오히려 주변 사람들에게는 눈꼴사나운 모습으로 비칠 수도 있다. 또 권력자의 독단적인 생각으로 결정된 경우에 정작 실무 선에서 예기치 못한 문제가 발생하는 일이 비일비재하다.

투자 유치 문제로 한 창업투자회사 사장을 만났을 때의 일이다. 그는 자신이 직접 투자 결정을 하는 게 아니라 주변으로 네트워킹하는 정도 의 역할만 하고 있다며, 다른 관계 회사를 소개해주었다.

그래서 추천받은 관계 회사의 대표이사를 만나서 도움을 청했더니 이번에는 "아, 그 일은 우리 오 실장이 전담입니다"라고 했다. 그 일은 결국 오 실장을 만나지 못한 채 개운치 않게 끝나고 말았는데, 그 경험 을 통해 중요한 사실을 깨달았다.

내가 어떤 일에 핵심인물이라고 생각해 선택한 사람이라 할지라도, 많은 경우 문제 해결은 주변에 의지하는 방식을 취한다는 것이다.

또 평소 별로 관심을 두지 않았던 주변 인물을 통해서 도움을 받게 되는 경우도 있다.

나는 우리 회사 계열사의 임원을 겸하고 있다. 한번은 친구가 국내 굴지의 펀드회사에서 투자를 받으려 하는데 그 회사에 아는 인맥이 있 냐며 관계자에 관한 정보를 내게 전달해주었다. 나는 그 정보를 듣고 약 간 망설였다. 왜냐하면 그 펀드회사의 관계자를 아는 사람이 바로 우리 회사 계열사 여비서의 부친이었기 때문이다.

하지만 여비서는 눈인사를 하거나 가벼운 이야기를 나누는 정도에 불과했다. 그런데 친구를 위해 약한 연결고리의 인맥인 그 여비서를 통해 그의 부친에게 부탁을 해야 하는 상황이었다.

더욱이 공적인 일도 아니고 사적인 일로 평소 친하지도 않은 계열회사의 비서에게 부탁을 하는 것이 어려워 나는 더듬더듬 용건을 이야기했다. 뜻밖에도 그녀는 흔쾌히 도움에 응해주었다.

그 비서와는 특별한 업무적 연관성 없이 가끔 일 때문에 형식적인 통화를 하는 정도였는데도, 그런 도움을 받을 수 있었던 것은 놀라운 경험이었다.

03

나의 인맥이 의사 결정에 영향을 주기도 한다

우리 회사에서 외부 전문 강사를 초빙할 일이 있었다.

소셜 네트워크가 사회적, 경제적, 정치적 이슈가 되자 페이스북이나 트위터 같은 소셜 미디어를 임직원들이 제대로 알고 업무에도 활용하게 하자는 취지였다.

나는 적임자인 강사를 찾기 위해서 회사의 홈페이지(인트라넷)에 글을 올린 뒤, 평소 강사들을 잘 알거나 혹은 소셜 네트워크 분야에 관심이 있음직한 임직원 몇 명에게 홈페이지에 올린 것과 거의 같은 내용의 글을 이메일로 보내면서 강사를 찾는 데 협조를 요청했다. 내 주변의 네트워크를 활용해서 강사 찾기에 나선 것이다.

인터넷 검색을 하면 유명한 강사의 이름이나 프로필을 알 수 있지만 실제 강의를 들어보고 강사를 선택하는 것이 아니기 때문에 강의가 재미가 없다거나 혹은 회사 상황에 맞지 않는 강의가 나올 수도 있다. 그래서 주위 사람들이 경험한 강사에 대한 평판이 강사 선택에 중요하게 작용한다.

마침 내가 후보자로 선택한 강사를 주변 사람들에게 물어보니 평판이 좋았다. 그래서 마음속으로 그를 강사로 정하고 최고경영진에게 보고했다. 그런데 나의 확신에 찬 보고와는 달리 좀 더 알아보는 것이 좋겠다는 의견이 나왔다. 나는 내 생각뿐 아니라 주변 사람들의 의견을 종합해서 자신 있게 추천했는데 초청 강사로 선정되지 않자 다른 대안을 쉽게 제시하지 못했다.

다시 후보자를 복수로 보강하여 보고를 했다. 그러자 최고경영진에서는 다른 강사를 지명하며 그 사람이 어떻겠느냐고 물었다. 나는 깜짝 놀랐다. 그 강사는 몇 년 전부터 알고 있던 후배인데 이 분야의 전문가일 거라고는 생각하지 못했다.

나는 다시 최고경영진에게 물어보았다. "그 강사분을 어떻게 아시는데요?" 알고 보니 페이스북에서 서로 소통하고 있었고, 그이 활동 면면을 자세히 파악하고 있었다. 그는 《페이스북은 무엇이고 어떻게 활용할 것인가?》의 저자이기도 했다.

이 이야기에서 알 수 있듯이 이제는 회사 업무에서도 네트워킹되어 있는 사람의 활동 상황을 항상 파악하는 것이 의사 결정에 영향을 미치고 있다.

이러한 현상은 조직 외부의 인맥이 조직 내 구성원들과 네트워크되어 나타나는 무질서한 상황으로 보일 수도 있다. 그럼에도 네트워킹되어 있는 인맥으로부터 최신의 고급 정보를 습득하고 최상의 합리적인 판단을 하는 것이 유용하다는 사실을 인정하지 않을 수 없다. 온라인 시대에는 외부 인맥이 내부자와의 연결을 통해 의사 결정에 관여하게 된 것이다.

소셜 네트워크와 연결되지 않고 과거의 방식을 답습하는 의사 결정을 고집하다 보면 정보의 네트워크에 뒤처져 판단의 오류를 저지를 수 있다. 소셜 네트워크를 단순한 유행으로 보지 말고 시대의 흐름으로 받아들여 적극적으로 활용해보자.

  비즈니스 소울메이트

04

나와 관련 없는
분야의 인맥이
진짜 인맥이다

동창회나 향우회와 같이 같은 부류의 사람들이 모이는 모임이 많이 있다. 이런 모임은 취향이나 사고방식이 비슷해 처음에는 편할지 모르지만 시간이 흐를수록 구태의연한 모임으로 그칠 가능성이 높다. 모임 자체는 그럭저럭 이어진다 하더라도 발전적인 모습을 기대하기는 어렵다.

상대를 잘 알고 있다고 생각해 새로운 면이나 장점을 발견하지 못하는 경우도 많다. 이미 각인된 이미지가 있어 상대방을 새로운 시각으로 바라보는 것이 어렵기 때문이다.

잘 알고 지내던 사람이라 할지라도 가끔 다른 각도에서 그 사람을 바라보고 새로운 면모를 찾아내는 습관을 가지는 것이 좋다. 세상의 모든 것이 변화하듯 오랜 친구도 변화하는 법이다.

오래 사귄 친구를 일상에서 자주 보면 그런 면모를 찾기 힘들지 모르지만 약간의 세월을 두고 만나면 내가 생각한 친구의 모습이 아님을 발견할 때가 있다.

당신이 인맥 형성에 관심이 있다면 혈연, 지연, 학연에 얽힌 인맥으로부터 벗어나 좀 더 발전된 인맥을 구축하기 위해 노력해야 한다. 혹자는 이를 '아날로그 인맥'보다 발전된 '디지털 인맥'이라고 명명하기도 하고, 혹자는 '연줄'보다 발전된 '연결'로 인맥을 확대하고 발전시키라고 말한다.

내가 막 직장생활을 시작하던 무렵에 사 입던 양복 중에 '캠브리지 멤버스'란 브랜드가 있었다. '멤버스'는 특정 집단의 모임을 지칭하기도 하고, 좀 고상하게는 레벨 있는 사회나 단체의 구성원들이 참여하는 클럽 같은 것을 지칭한다.

그 양복 브랜드는 특정 집단이나 레벨의 사람들이 입는 옷이랄까, 뭐 그런 식의 엘리트 의미를 부여했던 것이다.

그와 같은 특정 집단이나 단체에서 맺게 되는 인맥은 지금 시대에도 경쟁력이 있을까? 혹자는 상류 특정 계층의 모임에 들어가기 위해 애쓰기도 하고, 그런 모임에서는 다른 계층의 인맥이 섞이는 것을 기피하여 회원 가입의 벽을 높이기도 한다.

하지만 그것은 시대착오적인 생각이다. 스스로 만든 장벽이 결국은 자신을 가두는 울타리가 된다. 다양성과 접촉할 기회를 잃게 됨은 물론, 정보와 인맥의 폐쇄성 때문에 인맥의 경쟁력을 떨어뜨리는 결과를 가져올 것이라는 이야기다.

다른 일을 하는 사람일수록 시너지가 크다

서울시 변호사회 간부로 있는 변호사 후배를 모임에 초빙한 일이 있었다. 나는 사전 준비를 해야 했으므로 후배와 함께 일찍 도착했고, 우리가 차를 한잔 마시고 있을 때 하나둘 회원들이 도착하기 시작했다. 나는 후배에게 회원들을 한 명 한 명 소개해주었다. 주로 벤처기업 사장이나 임원, 간부였는데, 연배는 40대 전후가 대부분이고 30대 초반도 몇 명 있었다.

후배가 나에게 슬쩍 말했다.

"선배님, 회원들이 생각보다 젊으시네요."

듣기에 따라서는 "나이 차이가 많이 나서 분위기가 좀 그렇습니다" 또는 "모임의 구성원이 좀 연배가 어리군요" 하는 뉘앙스가 담긴 말이었다. 나는 "응, 회원들이 좀 젊지" 하고 대답하면서 이 친구 좀 당황했구나 하는 생각이 들었다. 선배인 내가 있는 모임이라 회원들도 대체로 자신의 연배와 비슷하거나 그 이상일 것이라고 여겼던 모양이다.

이후에 프로그램이 순서대로 진행되었고, 간단한 자기소개와 미리 준비한 강의를 듣는 것으로 전반부의 일정이 끝났다.

저녁식사 이후에는 담소도 나누고, 각 분야의 다양한 사람들끼리 화기애애한 술자리를 가졌다. 모임 장소가 시골의 펜션이라 공기도 맑고 분위기는 그만이었다.

뜻밖인 것은 처음에 서먹해하던 후배 변호사가 사람들과 적극적으로 어울리며 즐거워하던 모습이었다.

모임이 끝나 돌아온 후 하루가 채 지나지 않아서 제일 먼저 전화를 건 사람은 몇 년간 모임을 함께해온 핵심 멤버도, 벤처기업 사장도, 임원도 아닌 그 변호사 후배였다.

"형님 재미있었습니다. 한 번 더 갑시다."

이후 후배는 바쁜 일정에도 불구하고 기회가 되면 모임에 자주 나왔다. 그의 인간적 교류의 폭도 법조계의 인맥이나 송사에 관계된 사람들만이 아니라 연배 어린 벤처사업가에서부터 다양한 계층의 사람들로 확장되었다.

시간이 더 지나자 회원들에게 사업에 관한 법률적 문제를 상담해주기도 했고, 가끔 사건을 의뢰받아 자기 사업에 도움을 받기도 했다. 모임을 통해 그동안 만나왔던 부류의 사람들과는 다른 인맥을 한꺼번에 얻은 것이다.

얼마 전까지 부동산 중개업자라 하면 아파트를 매매하는 동네 복덕방 아저씨 정도로 인식했다. 하지만 부동산의 개발 방법과 마케팅 방법이 날로 발전하면서 상상을 넘어서는 영역까지 부동산의 매매 기법이 도입되고 있다.

내가 아는 외국계 부동산 컨설팅 회사의 대표이사는 보통의 부동산 중개업자와는 영업 방식이나 마케팅 방법이 다르다.

어느 날 그가 내게 전화를 걸어와 "M&A 전문가 과정 강의를 들으려고 하는데 추천하실 만한 곳이 있습니까?" 하고 물었다.

나는 그가 의도하는 바를 충분히 알 수 있었다.

기업 간에 M&A가 일어난다면 회사는 경영 개선을 위해 각종 필요한 조치를 하게 된다. 사업 분야의 조정 개선, 인력의 재배치나 감축, 그리고 불요불급한 자산의 처분이나 임대 등을 행한다. 이런 과정에서 해당 기업으로부터 부동산 매매나 임대 등의 수요가 발생하기 때문에 그런 기회를 찾고자 M&A 교육 과정을 들으려는 것이다.

물론 지식 습득과 교육의 이수가 목적이겠지만, 교육에 참여하는 대부분의 사람들은 M&A에 관심 있는 사람들이거나 관련 전문가이고, 그들과의 교류를 통해 인맥이 확장될 것은 자명한 일이다.

이제는 거꾸로 M&A 전문가인 회계사가 부동산 중개업자나 부동산 컨설턴트로 전환하는 경우도 있다. 외국도 그렇고 국내에도 일부 사례가 있는 걸로 봐서 지금 이 순간에도 사업 영역은 계속해서 서로 넘나들고 있음을 알 수 있다.

나와 다른 분야에서 일하는 사람들의 모임을 찾아가라. 그곳이 당신의 인맥을 위한 텃밭이다.

비즈니스 인맥 네트워크 서비스를 제공하는 사이트도 권할 만하다. 링크나우(www.linknow.kr)의 경우 회원들의 인맥 연결을 돕기 위해 '내 그룹'이라는 서비스를 제공하기도 한다. 회원이 각종 목적으로 소그룹화돼 있는 모임에 참여할 수 있도록 지원하는 서비스다. 대부분의 회원이 자신의 전문 분야에만 머무르지 않고 취미나 취향에 따라 다양한 모임에 가입해 인맥의 확장을 돕고 사업적인 부분을 찾도록 하고 있다.

예를 들면 나는 IT 분야에 종사하고 있지만 IT 분야와 관련된 것은 'IT비즈니스 클럽', '인터넷 마케팅 클럽', 'web2.0 아이디어랩' 세 가지뿐이고, '골프 클럽', '맛집 클럽', '여의도 포럼', '내 책 쓰기 클럽', '직장인 커뮤니티 2jobs' 등은 내 전문 분야와는 거리가 멀다. 현재 전문 분야별 그룹 수는 1000개를 넘는 것으로 알려져 있다.

온라인 인터넷 모임에서 만난 대부분의 사람이 자기 전문 분야에만 머무르지 않고 다양한 교류의 장을 찾아가고 있음을 홈페이지에서 발견할 수 있다.

05

전문가가 아니어도
도울 수 있다

나는 골프를 잘 모르면서 골프회사의 대표에게 사업에 관한 자문을 한다. 또 차량용 내비게이션을 잘 모르면서 내비게이션 회사의 대표에게 자문을 하기도 한다. 그리고 여러 벤처회사의 사업에 관해 다양한 분야에서 조언을 해왔다.

모든 산업 분야를 다 아는 것도 아닌 내가 어떻게 그 분야의 전문가인 경영진이나 관계자를 상대로 자문이나 조언을 하는 것이 가능할까? 답은 의외로 간단하다. 사람은 자기 전문 분야가 아닌 것에도 '열린 시선', '정보를 연결해보는 습관'을 가지고 있으면 어떤 문제에도 상담자가될 수 있다.

또한 상대방이 자신의 상황을 충분히 공개할 수 있는 분위기를 조성해 그가 자신을 둘러싼 다양한 문제점들을 내보이게 함으로써, 그 가운데 조언할 수 있는 문제를 찾아 해결책을 제시할 수 있다. 그렇게 되면 조언할 수 있는 선택의 폭도 그만큼 넓어진다.

사람들은 문제가 생겼을 때 당연히 그 분야의 전문가에게 도움을 요청한다. 하지만 전문가라고 해서 뭐든지 다 아는 것은 아니다. 오히려 전문가이기 때문에 자신이 모르는 비전문 분야가 존재하고, 바로 그 비전문 분야 때문에 의사 결정에 어려움을 겪는다. 바로 이 부분에서 내가 의견을 개진할 수 있다.

상대도 처음에는 나를 어떤 특정한 분야에만 경험과 지식을 가진 사람 정도로 이해하고 있다가 그것을 뛰어넘는 정보와 인맥을 가지고 있다는 것을 알고 놀라게 된다. 이처럼 상대방과 대화하고 설득하는 과정에서 상대가 몰랐던 나의 새로운 면모를 보여줄 때 설득력은 배가 되곤 했다.

그렇다고 내가 상대방의 모든 일을 완벽하게 소화해내는 능력이 있는 것은 아니다. 대화를 통해서 문제 해결의 단서를 찾아내는 데 탁월했던 것뿐이다.

내가 알지 못하거나 문제를 해결해줄 수 없을 때는 상대방과 함께 고민하고 함께 해결하려고 노력했다. 그런 모습을 보일 때 상대방의 이해와 공감을 구할 수 있었다. 결국 문제가 해결되지 않은 경우에도 그 문제를 해결하기 위해 함께 고민하는 과정에서 상대방의 신뢰를 얻은 것이다.

한번은 강남에서 수년째 골프아카데미를 운영하고 있는 김헌 대표에게 내가 아는 코미디 작가와 함께 골프에 관한 자기계발서를 재미있게 써보면 어떻겠느냐는 제안을 했다. 그분이 글 솜씨가 좋아 여러 곳에 칼럼을 기고한다는 사실을 알고 있었기 때문이다.

"코미디 작가와 함께 글을 쓴다고요?"

그는 깜짝 놀라면서도 매우 긍정적인 반응을 보였다. 나는 골프도 잘 치지 못하고 글도 잘 못 쓰지만, 그의 글 솜씨를 정보로 받아들이고 거기에 나의 인맥인 코미디 작가를 연결하여 새로운 사업 아이템 하나를 제안했던 것이다. 하지만 아쉽게도 서로 일정을 조율하는 데 실패해 공동 작업은 불발로 끝났다. 나중에 김헌 대표는《마음골프》,《골프천재가 된 홍대리》란 책을 출간했다.

언젠가 나는 "김 대표님 거래처 중에 골프장이 있을 텐데 그곳에 캔 막걸리를 공급해보는 것은 어떻습니까?" 하고 제안해보았다. 그는 "캔 막걸리를 팔아보라고요?" 하고 의아해하면서도 역시 관심을 보였다.

당시만 해도 캔 막걸리가 시중에 보편적으로 유통되는 때는 아니었지만, 술을 좋아하는 사람이라면 빠른 속도로 퍼져가고 있는 캔 막걸리를 접해보았던 터였다. 캔 막걸리는 품질의 고급화와 젊은이의 미각에 맞춘 탄산 건강음료 성격으로 출시되었고, 기존 막걸리의 유통기한이 짧은 데 비해 1년 정도 유통이 가능해지는 등 상품성이 크게 보강된 상태였다. 더욱이 막걸리 붐을 타고 골프장에서도 막걸리를 마시는 사람이 늘어나고 있었다.

나의 제안이 그에게는 금시초문의 새로운 정보였을 터다. 나는 내가 가진 정보와 인맥을 골프를 업으로 하는 그와 관련지어 생각함으로써 신선한 제안을 할 수 있었던 것이다.

얼마 전 경기도의 한 골프장에 갔는데, 휴식을 취하는 그늘 집이란 곳에서 막걸리가 절찬리에 팔리고 있었다. 시원한 맥주는 뒷전으로 물러나고 대신 시원한 막걸리가 그곳의 주력상품으로 등장한 것이다. 골퍼들의 맥주 사랑이 막걸리 사랑으로 바뀌고 있음을 목격했다.

막걸리 판매나 책 집필 모두 나나 김 대표의 전문 영역은 아니다. 바로 이처럼 너의 영역도 아니고 나의 영역도 아닌 제3의 영역에서 정보와 인맥을 가지면, 대화의 폭이 넓어지고 상대를 설득할 수 있다. 따라서 나는 제3의 영역에서 정보를 얻기 위한 노력을 꾸준히 하고 있다. 어떤 특정한 분야에 인맥이 없거나 인맥이 어느 분야에 편중됨으로써 생기는 인맥의 불균형을 해소하기 위해 노력한다. 내가 비전문인 분야나, 정보와 인맥이 부족해 문제가 발생할 소지가 많은 분야에서 새로운 인맥을 보강하기 위해서다.

내가 다양한 분야에서 인맥을 쌓으려고 노력하는 것은 세상의 모든 일이 서로 잇닿아 있다는 생각에서 일과 일이, 사람과 사람이 단절되어 있는 곳은 없다.

세계 경제가 글로벌화해 미국 경제의 침체가 한국 경제에도 심각한 영향을 미치고 있다는 식의 거창한 이야기가 아니더라도, 우리는 어떤 문제가 내 영역 밖에서 처리되는 상황을 자주 접한다. 나에게 영향을 미치는 예측할 수 없는 일들 간의 연관성에 대비할 필요가 있다. 미리 대비하고 있으면 문제에 대응할 수 있고, 남의 힘을 빌리기보다 스스로 문제를 해결해 나갈 수 있기 때문이다.

 비즈니스 소울메이트

내가 최근에 쌓으려고 하는 인맥은 구두닦이에 종사하는 분이다. 이 분야의 인맥이 내가 보유하고 있는 인맥군에는 없기 때문이다. 예전에 여의도 증권거래소 옆을 지나갈 때 자투리 시간을 이용해서 구두를 닦은 적이 있었는데, 구두닦이가 아주머니였다.

그 아주머니는 스포츠클럽 회원권을 가지고 있고 일과가 끝나면 클럽에 가서 하루의 피로를 푸는 멋쟁이였다. 그 말에 나의 호기심이 더해져 이런저런 대화를 참 재미있게 나누었다. 그때 나의 인맥으로 만들어 놓지 않은 게 후회가 된다.

나중에 구두닦이를 큰 건물 내에서 독점적으로 영업할 수 있는 기회가 생겼는데, 그분이 나의 인맥이 되었더라면 함께 사업을 하자고 제안할 수도 있었을 텐데 말이다.

당시 그 알량한 자존심 때문에 '고상'하고 '품격' 있는 나의 인맥군에 구두닦이가 들어온다는 것은 전혀 생각도 못했다.

이제는 나의 필요성 때문에 찾아나서야 하는 격이니 늦은 감이 있다. 만일 이번에 나의 인맥으로 보강하지 못한다면 구두닦이란 분야는 평생 내 인맥의 사각지대로 남을지 모른다. 이번 일로 인맥의 소중함이 내가 모르는 곳에서 부지불식중에 발생할 수 있다는 것을 새삼 깨달았다.

당신이 A라는 전문가를 만나 전문가의 영역에서 발생하는 사업적 요구 사항을 해결하고자 한다면 당신은 그의 경험과 지식, 그리고 그와 관련된 인맥들로 둘러싸여 그의 의사 결정에 지배를 당하게 된다. 반대로 전문가 A가 당신의 영역으로 찾아 들어오게 할 수 있다면 당신이 전문가 A를 지배하거나 좌지우지하는 의사 결정을 할 수 있다.

문제는 당신의 전문 영역도 아니고 전문가 A의 영역도 아닌 제3의 영역이다. 서로의 전문 영역이 아니므로 평소에 인맥과 정보력을 가진 사람이 지배하게 된다. 그렇다면 당신은 이 영역에 대한 지배권을 확보해야 하지 않을까.

'마당발'이라는 사람의 공통점은 당신과 전문가 A가 지배하지 않는 영역에서 인맥과 정보력을 가지고 있다는 것이다. 이들은 거래 상대와 딜을 하는 데 매우 유연하다. 자기 영역만의 주장을 할 필요가 없이, 더 넓고 다양한 영역을 제시하면서 문제의 해결을 시도하기 때문이다.

결국 협상력이나 지배력은 나의 영역도 상대의 영역도 아닌 제3의 영역을 누가 취하느냐에 달려 있다. 따라서 당신이 평소에 많은 정보와 인맥을 소유하고 있다면, 그리고 그러한 영역에 지배력이 있음을 공공연히 공개한다면 당신은 당면한 문제에서 의사 결정의 주도권을 가지게 된다. 또 현안 문제가 없는 사람들도 언젠가는 당신이 관장하거나 영향력을 행사할 수 있는 그 영역을 활용하고자 모여든다.

당신이 자신의 인맥과 정보를 보다 광범위하게 펼쳐 보일 때 상대는 관심 영역에서 도와줄 사람으로 당신을 선택할 것이며, 당신이 그런 도움을 제공한 후에는 균형 잡힌 관계 속에서 아쉬움 없이 상대에게 도움을 요청할 수 있다.

지금까지 내가 이야기한 것은 사업상의 일이라는 좁은 의미뿐 아니라 내가 풀어야 할 개인적인 문제점이나 고민까지 포함하는 넓은 뜻이기도 하다. 균형 잡힌 관계가 유지되면 일회성의 단편적인 관계로 끝나는 것이 아니라 롱런하는 돈독한 관계을 맺는 단초가 된다.

상대가 자기 영역에서의 비즈니스 카드를 한 장 뽑아 보이면, 당신은 당신의 영역도 상대방의 영역도 아닌 제3의 영역에서 비즈니스 카드를 제시할 수 있어야 한다. 그러면 상대는 당신이 부탁이나 애로 사항을 들고 올 때 오히려 감사할 것이다. 왜냐하면 상대는 당신의 다양한 비즈니스 카드를 보고 이미 제안하고 싶은 요구 사항을 생각했을 것이다. 상대방은 이미 당신에게 부탁할 입장에 있기 때문이다.

타조가 힘을 과시하기 위해 날개를 펼쳐 보이듯, 당신의 인맥 영역을 활짝 드러내 보여라.

이 책을 읽는 독자 중에는 '나는 인맥과 정보가 풍부하지 않다'고 생각하는 사람도 있을 것이다. 그렇지만 인맥과 정보가 전혀 없는 사람은 없다. 당신이 가진 인맥과 정보를 누군가는 절실히 필요로 할 것이다. 인맥과 정보의 양 그 자체는 중요하지 않다. 평소에 그것을 사람들에게 펼쳐 보이는 것이 중요하다.

06

그 자리에서 항상
기다려주는 사람은 없다

당신이 불과 몇 분 후에 일어날 일을 알아맞힐 수 있다면 엄청난 부를 획득할 것이다. 아니 불과 1, 2분 후에 일어날 일, 몇 초 후에 일어날 일만 맞힐 수 있어도 당신은 엄청난 부를 이룰 수 있다. 그러나 그것을 맞히는 사람은 없다.

우리의 일상사에서도 추측을 해볼 뿐 내일 일어날 일을 알 수 없다. 인간관계의 변화도 마찬가지다. 주변 사람들의 상황 변화를 미리 예상하지 못하고 그 자리에 계속 있겠거니 생각하다가 낭패를 보곤 한다.

제일 안타까운 일이 소 잃고 외양간 고치는 것이요, 주식을 팔았더니 상한가 치는 일이요, 큰맘 먹고 투자 대열에 합류했더니 막차 타는 일이다. 이렇게 때를 놓치는 일은 우리 인간관계에서도 빈번히 일어난다.

연애만 타이밍이 중요한 게 아니다. 인맥 관리의 핵심이 바로 타이밍이다. 우리가 사람을 사귀고 인맥을 구축하는 것은 그로부터 도움을 구하기 위해서다. 그 인맥이 도움을 줄 바로 '그 자리에서' 바로 '그 역할을' 할 때 어떤 사업적인 제안이든 결실을 맺을 수 있다.

어려움에 처했을 때 도움을 줄 수 있는 사람을 어렵게 수배해 찾아갔더니 그가 하던 일이나 역할이 달라져 도움을 받지 못한 경우를 경험해보았을 것이다.

아는 사람이 많은 것도 좋지만 가까운 사람들의 변화에 항상 관심을 기울이고 그 사람들의 새로운 모습을 발견해내는 것도 중요하다.

인맥을 느슨하게 관리하면 그동안 시간과 노력과 비용을 들였던 것이 수포로 돌아간다. 나에게 우호적이었던 사람에게 사업 제안을 하려고 했더니 보직이 바뀌어 자리를 떠나버리는 경우도 있다.

비즈니스와 관련된 인맥 관리가 아니더라도 이런 일이 비일비재하다. 가족이나 친지가 외국이나 지방으로 멀리 떠나는 경우, 친구가 갑작스럽게 죽음을 맞이하는 경우 등 인간사에는 예측할 수 없는 변화가 생긴다.

그러면 상대로부터 도움을 받을 수 있는 기회를 놓치지 않으려면 어떻게 해야 하는가?

나는 인맥과 정보가 유통하는 경로에 서기를 자청하는 타입이다. 그럼에도 모든 인맥과 정보를 실시간으로 관리하지는 못한다. 하지만 인맥이 새로 유입되면 그것을 기존의 인맥에 바로 안내하는 습관을 들였기 때문에 그 과정을 통해서 나의 새로운 인맥이 현재 어떤 상황에 있는지 자연스럽게 살필 수 있다. 새로운 인맥을 다른 사람에게 소개하고 그들을 통해서 새로운 인맥의 소식을 듣게 된다. 내가 직접 만나지 않아도 그 사람의 현재 상황을 알 수 있는 것이다.

또 많은 사람들을 직접 만나는 데에는 한계가 있으므로, 이메일을 통해 연락하거나 홈페이지를 활용해 정보를 교류하면서 인맥의 관심사나 활동 상황을 파악한다. 그러다 중요 현안이 있으면 오프라인 미팅을 통해 문제를 해결한다.

이런 기술적인 측면, 즉 인맥을 최대한 실시간으로 관리하는 것은 인맥 관리에서 결코 간과할 수 없는 중요한 문제다.

인맥의 움직임을 놓치지 않으려면

첫째, 인맥과의 접점이나 연결고리link를 다수로 유지하면서 통신을 지속한다.

예를 들면 친구와의 접촉 방법을 전화 위주에서 이메일이나 인터넷 공간으로 확대하고, 모임이나 단체 활동 등을 공유함으로써 상대방 소식이 네트워크를 통해 들어오도록 하거나 공통의 관심사를 유지하는 것이다.

모임을 활발히 하는 사람은 한 번 만났던 사람을 다른 모임에서 다시 만나게 되는 경우가 많은데, 이는 기본적으로 상호 간의 관심사가 겹치기 때문이다.

소통의 수단으로 비용이 좀 들더라도 스마트폰을 사용해서 언제 어

　　　　　　　　　　　　　　　　　　비즈니스 소울메이트

디서나 상대방과 소통하고 정보를 습득하는 것도 좋은 방법이다.

둘째, 정보에 신속히 반응한다.

상대로부터 직접 전달받은 메시지는 물론이고, 공동으로 가입한 모임이나 단체로부터 듣는 소식을 통해, 또는 정보가 있는 경우 통화나 이메일, 휴대전화 문자 메시지, SNS 등을 이용해 상대방의 소식 등 정보에 반응하면서 나의 정보를 업데이트한다. 정보 교류가 상시적으로 이루어지면 도움이 필요할 때 엉뚱한 곳을 두드리지 않아도 된다.

그동안 나는 휴대전화 문자 메시지를 받아도 그리 적극적으로 답변하지 않았다. 그런데 얼마 전 나의 답신 문자가 상대방에게 어떤 반응을 불러일으키는 것을 보고는 생각이 바뀌었다.

내가 다니는 여의도 침례교회 안에 작은 친목모임이 있다. ROTC 출신으로 과거 군에서 장교 생활을 한 사람들을 중심으로 만든 모임이다.

모임의 운영자는 나보다 열 살 정도 많은데, 무슨 일이 있으면 꼭 문자 메시지를 보낸다. 나는 평소에 선배로부터 연락이 오면 즉시 답변을 하는 편이다. 그것이 예의라 생각하기 때문이다. 그분의 문자 메시지에도 바로 답변하거나 전화를 드리곤 했다.

그분이 이런 반응을 아주 좋게 봐주셨다. 문자 메시지에 대한 반응 속도가 서로의 교감을 측정하는 속도, 신뢰를 확인하는 속도라고 생각하신 것 같았다.

"자네는 문자 메시지 답변을 바로바로 해줘서 마음에 들어. 자네, 우리 모임의 운영을 같이 맡아서 하지 않겠나."

나에게 그냥 일을 맡기고 시키는 것이 아니라 "자네를 믿으니 함께

하자"는 얘기로 들렸다.

내가 예의상 보였던 반응이 다른 사람에게는 단순한 답변 이상으로 전달된 것이다. 이처럼 문자 메시지의 답변 속도에도 상대방이 느끼는 감동이 있다.

셋째, 제안을 한다.

식사나 함께하자는 개인적인 것이든, 사업적으로 협력하자는 비즈니스적인 것이든 상관없다. 가벼운 주제나 이슈를 가지고 자연스럽게 제안한다. 제안의 목적은 제안 그 자체일 수도 있으나 상대방과 그 주변 상황을 파악하는 데 매우 유용한 방법이 된다.

소중한 사람들과 동시대를 사는 법

어느 날 신문을 보다가 문득 내 눈에 들어온 것이 있었는데, 바로 친구가 임원으로 있는 회사의 도메인이었다. 도메인의 영문 철자가 10개를 넘었다.

나는 즉시 친구에게 전화를 했다.

"여보게, 우연히 보았는데 자네 회사의 도메인이 너무 긴 거 아니야? 나중에 회사 CI Corperate Identity 작업을 할 때도 글자가 길면 불편할 텐데 말이야."

그러자 친구는 약자로 된 두 글자 도메인을 취득하려고 했으나 이미 다른 곳에서 점유하고 있었고, 그 도메인을 사려고 해도 터무니없는 값

  비즈니스 소울메이트

을 불러 포기했다는 이야기를 들려주었다.

나는 즉각 도메인 관련 업종에 종사하는 사람이 떠올랐다. 전에 우리 회사에 근무하던 후배로 도메인 관리 회사로 옮겨간 후에도 연락을 주고받고 있었다.

전화를 끊자마자 그 후배에게 전화를 걸었다. 친구 회사의 상황을 이야기해주고 타인이 소유한 도메인을 저렴하게 구매할 방법이 있는지 물어보았다. 그러자 후배는 두 글자 도메인의 평균적인 시세정보를 알려주면서 의미 있는 정보 하나를 덧붙였다.

가까운 장래에 '.kr'이라는 퀵돔 QuickDome(2단계 영문 kr 도메인의 브랜드명. kr 앞에 도메인의 성격을 나타내는 co, or, pe 등의 단계가 없는 도메인을 말한다)이 새로 나올 것이라고 했다. 만약 두 글자 도메인의 평균 가격으로 도메인을 확보하지 못하면 새로운 퀵돔을 미리 확보하라는 조언을 해주었다. 그 경우에 두 글자 도메인 kr은 경매 방식을 취한다는 이야기도 덧붙였다.

나는 그 정보를 바로 친구에게 전했다. 이후 친구 회사를 대신해서 도메인 소유자와 가격 협상을 하면서 보유하고 있는 도메인을 매각하지 않을 경우 그것을 포기하고 퀵돔을 매입하겠다는 이야기를 했다. 협상을 원활히 하기 위해 제3자 명의로 협상을 추진했는데, 매입 협상을 포기하고 다른 kr 도메인을 확보하겠다는 말이 영향을 미쳤는지 결국 적절한 값에 그 도메인을 사들일 수 있었다.

이 사례에서 문제 해결에 가장 중요한 영향을 미친 것은 조만간 kr이라는 새로운 퀵돔이 나올 것이라는 정보였다. 그러나 더 중요한 것은 정보 자체가 아니라 그 정보를 얻은 시점이었다.

만약 친구의 회사가 이미 포기한 일이라고 생각해 나 역시 도메인 관리 회사의 후배에게 알아보지 않았다면, 그리고 kr 도메인이 나온 후에야 뒤늦게 정보를 알았다면 어떻게 되었을까. '조만간 나올 것'이라는 정보는 '얼마 전에 이런 게 나왔다'가 되었을 것이다. 그때는 이미 다른 사람에게 그 새로운 퀵돔마저 넘어갔을지 모를 일이다.

나에게 새로운 정보가 들어온다는 것은 그 정보와 관련된 인맥을 체크하라는 신호로 받아들여야 한다. 나에게 하나의 정보가 들어왔다는 것은 다른 곳에서도 그 정보와 관련된 움직임이 일어나고 있을 가능성이 높기 때문이다.

 비즈니스 소울메이트

07

인맥이란 남을 도울 수 있을 때 가치가 있다

내가 대우그룹의 한 계열사 기획실에 있을 때의 일이다. 당시 그룹의 회장은 모든 것을 다 알고 있는 전지전능한 사람처럼 보였다. 군대에서 장군으로 있다 예편한 사람과 군대 이야기를 해도 밀리는 법이 없었고, 심지어 군대에서 추진하는 사업 이야기가 나오면 군대에서 30년간 근무한 최고위급 장성보다 더 탁월한 판단을 내렸다.

또 장관급 각료 출신과 경제 이야기를 하면 경제 정책에 관한 이야기를 더욱 새롭게 발전시켜 그 경제 관료에게 의견을 제공했다.

어떻게 그렇게 할 수 있었을까?

그는 최고 의사 결정권자로서 그룹 내의 중요한 의사 결정에 직접 관여했기 때문에 자연스럽게 의사 결정을 뒷받침하는 핵심 정보를 접했고, 정보의 집결지에 위치해 정보 네트워크의 중심에 있었기 때문이다.

또 인사권을 가지고 있으므로 자신이 임명하는 인맥과 그 인맥이 다시 임명하는 부하직원에 이르기까지 인맥을 장악하고 있었다. 정보와 인맥을 아우르는 절대적 권력 위에서 몇 만 명의 부하직원을 이끌고 있으니 인맥 관리 측면에서 보면 인맥과 정보를 관장하는 슈퍼커넥터였던 셈이다.

이처럼 인맥과 정보의 네트워크를 장악한다는 건 권력을 장악하는 것과 같은 의미다. 살아 있는 네트워크에는 생생한 정보가 흐르고, 그 정보를 흐르게 하는 인맥들이 집결해 있다.

인맥을 시스템적으로 운영해본 사람이라면 이 이야기에 충분히 공감할 것이다.

의식하든 하지 못하든 휴먼 네트워크의 힘을 부지불식중에 알게 되면 마치 권력자가 권력에 도취되는 것과 같은 느낌이 들기도 한다. 마음만 먹으면 어떠한 인맥이든 접근이 가능하다는 자신감이 생기는데, 이 상태가 되면 특정한 정보에 접근하거나 그 정보를 성과로 연결하는 일이 가능해진다.

하지만 이게 잘못 흐르면 대형 스캔들로 변질되기도 한다. 인맥을 통한 사업의 추진과 그를 둘러싼 검은 거래들로 채워지는 이야기 말이다. 이것은 네트워크의 힘을 선의로 활용하지 못하고 악의 유혹에 휘말린 결과다. 그래서 수많은 인맥과 정보를 활용하는 사람이라면 반드시 올바른 가치관을 가지고 원칙을 지켜야 한다.

풍부한 네트워크를 선의로 이용하면 자기 삶에도, 주변 사람들의 삶에도 긍정적인 영향을 미치는 아름다운 권력이 된다. 남을 도울 수 있기 때문이다.

하지만 평범한 개인이 자기에게 도움이 되는 네트워크를 만드는 것은 결코 간단하지 않다. 휴먼 네트워크를 제대로 구축하기 위해서는 상당한 시간과 노력을 들여야 하고, 대인관계에서 여러 가지 예측하지 못한 상황을 잘 다룰 수 있어야 한다.

평범한 사람이 인맥을 늘리고 인간관계를 발전시키는 방법으로 가장 먼저 권하고 싶은 것이 인터넷 활용이다. 인터넷이 활성화되어 있는 대한민국에서 우리는 온라인상에 존재하는 수많은 네트워크를 쉽게 접할 수 있다. 위기에 처해 있을 때 누군가 갑자기 '짠!' 하고 나타나 도와주는 것은 그야말로 소설이나 영화에서 일어나는 일이다. 마냥 기다리지 않고 능동적으로 나서서 소중한 인맥을 만들어가고 싶다면 반드시 온라인 인맥에 도전해볼 것을 권한다.

다음, 네이버 등에는 많은 카페가 있다. 이들 카페는 상호 관심사를 바탕으로 하는 공감대 위에서 만들어지며, 구성원들이 공동의 주제를 공유하고 발전시켜 나간다. 인맥의 형성 과정에서 중요한 부분이 이 같은 연결고리다. 인맥의 확대 발전에 관심이 있는 사람이라면 공통의 관심사를 중심으로 만들어진 카페에 가입하기를 권한다.

인맥 모임의 주관자들, 즉 마당발이나 커넥터라 불리는 인맥 관리의 달인들 중에는 카페나 모임의 운영자가 많지 않을까 싶다. 내가 아는 사람 중에도 회원을 몇 만 명씩 거느리고 있는 온라인의 커넥터요 마당발들이 있다.

최근 페이스북과 트위터가 소셜 네트워크 수단으로 크게 부각되고 있다. 나 또한 페이스북과 트위터에 계정을 확보해놓고 있다.

이들 미디어들은 이용자들에게 각종 정보를 요구해 수집하며, 다른 다수의 참여자에게 개인 정보를 오픈한다. 참여자들은 자신의 니즈를 충족시키기 위해 이들 미디어의 개인 정보 공개에 동의한다.

페이스북을 예로 들어보자. 회원 등록을 하려면 개인 정보를 입력하고 난 뒤, 아이디와 비밀번호를 받아 자신의 홈페이지를 꾸미게 된다. 입력할 정보의 내용을 살펴보자.

1. 기본 정보 : 거주지, 출신지, 성별, 생일, 혈액형, 관심사, 언어, 자기 소개
2. 프로필 사진
3. 프로필 친구 표시 : 결혼/연애, 가족, 친구 표시
4. 학력과 경력 : 직장, 대학교, 고등학교
5. 철학 : 종교, 정치 성향, 영감을 주는 인물, 좋아하는 인용구
6. 예술 및 엔터테인먼트 : 음악, 책, 영화, TV, 게임
7. 스포츠 : 즐겨하는 스포츠, 좋아하는 스포츠, 좋아하는 운동선수
8. 활동 및 관심사 : 활동, 관심사
9. 연락처 정보 : 메신저 대화명, 휴대전화 번호, 주소

이 같은 정보의 입력은 무엇을 의미하는가? 나를 상대방에 알리기 위한 정보의 제공이며, 상대방과의 접점을 찾기 위한, 또는 네트워크를 원하는 상대방이 나를 잘 찾아오도록 안내하는 소개이자 '자기 공개'다.

지금은 일반인들도 타인에게 자신을 공개하고 누군가가 나를 보아주길 바라고, 알아봐주는 것에 감사해야 하는 시대다. 자신의 정보를 공개해 네트워킹하는 것도 경쟁에 돌입했다.

소셜 미디어들은 거의 예외 없이 이용자들의 정보를 수집하고, 또 이용자들의 동의를 받아 개인 정보를 불특정 다수나 특정 소수에게 제공하는 방식을 택한다. 이는 인맥과 정보를 연결해주는 역할을 하는데, 핵심은 바로 '공개'된 정보가 네트워크의 출발점이 된다는 점이다.

소셜 네트워크에 참여하는 사람들은 각자의 목적을 달성하기 위해서 필요한 정보는 공개하고, 불필요한 정보는 감추거나 일부만 공개하기도 한다. 또 요령껏 필요한 상대를 찾아가 게시판에 글을 써서 자신이 해결해야 할 문제에 대해 도움을 구한다.

나는 네트워크의 가장 기본이 되는 본질적이고도 암묵적 방법은 역시 자기 공개, 정보의 공개라고 생각한다. 이 공개 과정을 통해서 다른 사람과의 접점을 찾아내고 커뮤니케이션이 잘 이루어질 때 소셜 네트워크 참여의 목적을 달성할 수 있다.

그 밖에도 쉽게 활용할 수 있는 인맥 관리 수단이 얼마든지 있다. 블로그나 미니홈피를 통해 다른 사람들을 만날 수도 있고, 각종 모임이나 세미나, 워크숍 등 인맥을 확대하기 위한 수단을 우리 주변에서 찾아볼 수 있다.

단편적이고 좁은 인간관계를 가진 사람들의 특징은 내성적인 것이 아니라 소극적이란 것이다. 인맥을 넓히고 싶다면 본인의 취향에 맞는 인맥 모임에 적극적으로 참여할 것을 권한다. 그런 게 귀찮다면 "인맥을 넓히고 싶은데 방법을 모르겠어요" 하는 문제에 해답을 내려줄 재간이 없다.

새로 사귄 친구가 삶의 질을 말해준다

'친구'의 범위는 어디까지일까? 대부분의 사람들이 친구가 있느냐는 질문을 받으면 학창시절의 친구를 떠올린다. 하지만 사회 친구가 있느냐는 질문에는 머릿속에 누군가를 떠올리면서도 친구라고 불러도 좋을지 망설이게 된다.

"그 사람이 내 사회 친구"란 말은 왜 쉽게 할 수 없는 걸까?

비즈니스적인 만남이라는 제약이 친구 관계로 발전하는 것을 방해하는 경우도 있고, 친구로 발전하기에는 만남의 횟수가 적은 경우도 있다. 또 어린 시절의 순수함에 비해 마음을 열고 대화하기에 부족한 경우도 있다. 이런 제약들 때문에 새로운 친구를 사귀는 데 양적, 질적으로 나아지는 게 없이 인간관계의 발전과 진화가 없는 세월을 몇 년씩 겪는 사람이 많다.

매번 같은 사람만 만나고 새롭게 만나는 친구가 없다면, 그만큼 우리 인생도 새로운 변화 없이 한정된 공간을 오가는 생활의 반복이 될 것이다.

얼마나 재미없는 인생인가. 내가 전혀 모르는 분야의 일을 하는 친구를 새롭게 만들었다고 생각해보자. 들어보지도 못한 이야깃거리로 만남의 시간이 즐겁게 흘러갈 것이다. 취미 생활을 통해서 만난 친구라면 그 활동을 하느라 또 즐거운 인생이 되지 않겠는가.

나는 갈수록 새로운 친구를 사귀고 함께 지내는 시간이 즐겁다. 인터넷 시대가 가져다준 혜택이자 친구를 찾아나서는 노력에 대한 보답이다.

비즈니스 소셜 네트워크 서비스를 제공하는 비즈스페이스의 전 대표이사인 최우권 사장과는 연배가 10여 년 차이가 난다. 링크나우란 인터넷 모임을 통해서 만났는데, 미래에 대한 비전까지 함께 그려가는 사이가 되었다. 어디 그뿐이랴. 몇 년간 교류해온 CJGLS 김영기 상무도 '여의도 포럼'이란 모임을 같이하고 있고, 한국마술교육협회 회장인 함현진 씨도 역시 인터넷으로 만나 이런저런 대화를 나누는 사이가 되었다. 사실감 표현에 뛰어난 혼(魂)자수 작가 이용주 씨와도 자주 대화를 나누고 있다. 이외에도 글로 다 적지 못하는 새로운 친구들이 어디 한둘이겠는가.

친구는 나와 다른 사회생활을 경험하고 성장 과정도 다르기 때문에 각자 겪어온 삶의 지혜를 나눌 수 있어 좋다. 공감대가 형성되고 신뢰가 쌓이면 사업적인 구상도 함께할 수 있다. 그러니 인맥 쌓기나 사람 만나기를 어떻게 멈추겠는가?

마치 어린이가 게임중독에 빠져 컴퓨터에 매달리듯이 나도 인터넷 바다의 인맥 찾기에 거의 중독된 듯하다. 하지만 즐겁고 유익하다.

사람을 사귀고 인맥을 넓히는 방법 중에 소개만큼 유용한 방법도 없다. 양쪽을 다 아는 사람이 소개를 해준 경우에는 서로에 대해 신뢰할 수 있어 쉽게 가까워진다. 그래서인가. 신뢰를 중시하는 외국에서는 비즈니스 거래를 할 때 가급적 소개자를 통해 만남을 가진다고 한다.

하지만 이제 우리는 소개 없는 만남에 익숙해져야 한다. 소개자가 있으면 아무래도 신뢰라는 가치가 부여되는 장점이 있지만, 사적인 만남까지도 그렇게 할 필요는 없지 않은가. 남녀 간의 만남을 따져봐도 첫 소개로 만나는 자리를 양쪽의 부모님이 알고 있으면 선이요, 부모님이 모르면 소개팅이라는 말이 있다. 무엇보다 비공식적인 온라인상의 만남 채널이 무수히 많은데 활용하지 않을 이유가 없다.

이음넷이란 온라인 서비스가 있다. 남녀 간의 만남을 주선하는 온라인 사이트다. 홈페이지의 내용을 읽어보다가 나도 모르게 웃음이 쿡 하고 나왔다. 바로 '물관리'를 한다는 것이다. 그 의미는 무엇인가? 철저하고 정확한 자기 공개와 그로부터 거짓 없는 신뢰를 바탕으로 사람을 소개하겠다는 의미다. 물론 온라인에서는 서로 얼굴도 모르는 채 대화가 이루어지고 관계가 발전하기도 한다. 이런 만남에는 부작용이 따를 수 있으나, 그것은 스스로 경계해야 할 문제이지 온라인 만남 자체를 부정할 이유는 못 된다. 온라인 만남의 다양성과 신속성은 인간관계의 확장을 도모하는 사람에게는 결코 무시하지 못할 장점이다. 그 효용성과 편리성 때문에 실제로 오프라인 모임이 온라인으로 발전하는 경우를 쉽게 찾아볼 수 있다.

취향과 성향이 같은 사람들, 원하는 것이 같은 사람들이 쉽게 집결해

　　　　　　　　　　　　　　　　　　　비즈니스 소울메이트

대화를 나누고 의사소통을 하며 필요하면 함께 행동으로 옮기기도 하는 곳이 온라인이다.

온라인에서 만나 동반자살까지 하는 사회적 문제를 역설적으로 바라보면, 생면부지의 사람들이 만나 동반 죽음까지 할 수 있다는 것은 그만큼 우리 사회에 온라인 만남이 흔해졌다는 얘기다. 광우병 파동 때 수만 명을 한 장소에 모이게 했던 것도 온라인 소통의 위력이다.

나 또한 온라인에서 사람을 만나 사귀고 사업적인 구상도 나눈다. 이 글을 쓰는 데 출판사를 만나도록 도움을 준 사람들 역시 온라인을 통해 만났다. 이제 온라인이야말로 다중 소통의 메카요, 개인 욕망의 발원지다.

아직 시작하지 않았다면 서둘러 소개 없는 만남의 장, 인터넷으로 달려가 보자. 거기에서 새로운 인연의 광맥을 찾을 수 있다.

CHAPTER 4

내 사람을
만드는 데도
원칙은 있다

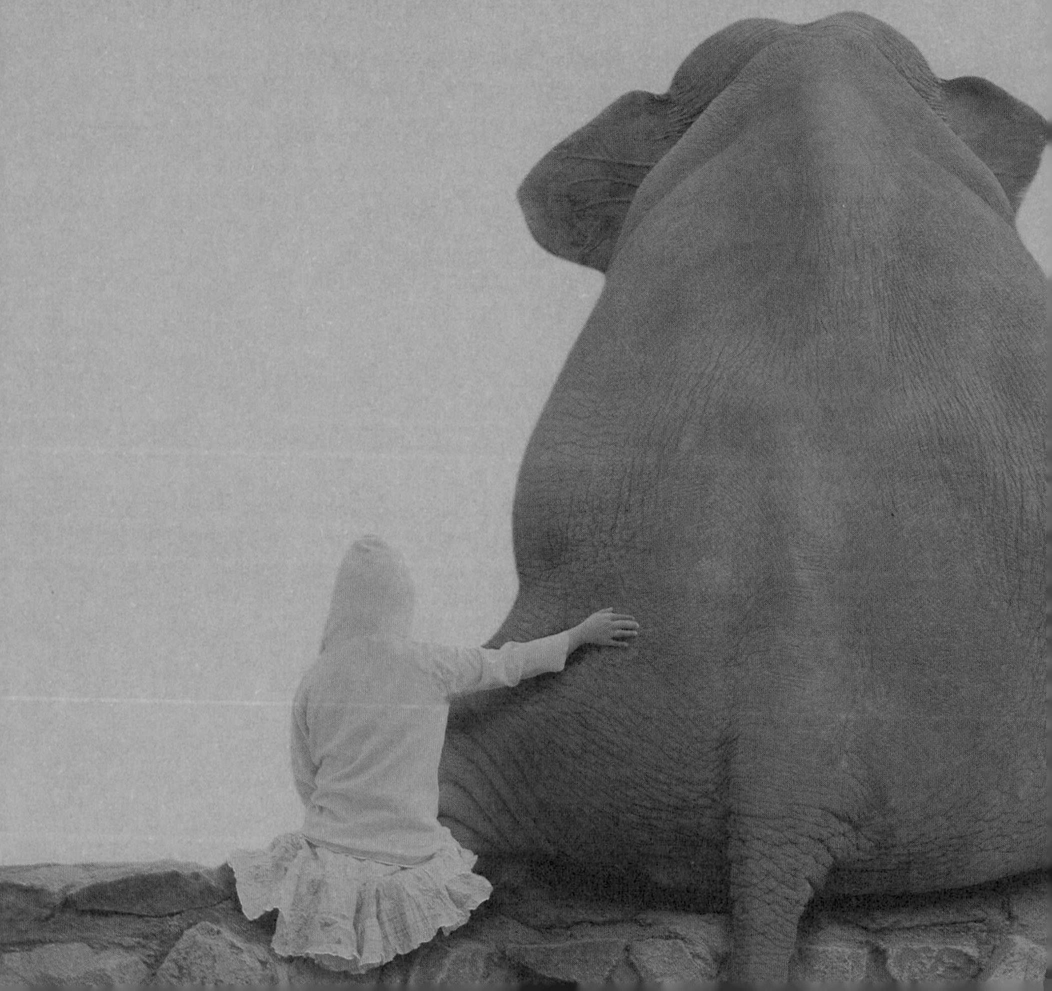

우리는 모두 이익을 얻기 위해 행동한다.

그 이익이 물질적인 것이든 정신적인 것이든 마찬가지다.

따라서 대인관계에서도 절대 손해 보지 않으려는 무의식이 작용한다.

하지만 어떤 거래나 행동을 하는 경우 그것이 바로 이익으로 직결되기도 하지만

빙 돌아서 인간관계의 복잡한 연결을 통해 오기도 한다.

이제 우리의 이익 계산법도 달리해보자. 단순한 숫자 계산,

즉 더하기 빼기 수준을 넘어 상대의 입장과 마음을 헤아리는 원칙을 가져보자.

01

나보다 아랫사람에게
관심을 가져라

다른 사람들과 네트워킹하기 위해 커뮤니티에 참여하는 것은 어려운 일이 아니다. 우리 주변에는 너무도 많은 네트워크 공간이 있다. 다만 우리가 평소에 무심했거나 주변을 돌아보지 않았을 뿐이다.

비트컴퓨터의 조현정 회장은 십자가 인맥론을 편다. 십자가 네트워크는 자신을 중심으로 머리 부분은 윗사람을 많이 알아야 하고, 아래로는 후배들을 키우며, 오른쪽은 뜻을 같이하는 다수의 동료를 늘려가고, 왼쪽은 추구하는 가치는 다르지만 사귀어둘 만한 사람들과 오랫동안 관계를 유지해 나가는 것이라고 한다.

그는 "십자가를 보면 위보다 아래가 더 긴데 이것은 윗사람보다 아랫사람을 더 많이 사귀라는 뜻이고, 왼쪽과 오른쪽이 같은 것은 균형 감각을 유지하기 위해 자신과 뜻이 맞는 사람뿐만 아니라 뜻이 맞지 않는 사람도 똑같이 사귀어야 한다는 의미"라고 설명했다.

십자가 인맥 중 사람들이 가장 무심한 것이 아래쪽이다. 아랫사람은 별 도움이 되지 않는다고 생각하기 때문이다. 나이 차가 많을수록 더 그렇다. 경제력도 약하고, 인맥도 적고, 사회 경험도 부족하기에 나의 사업적 문제를 해결해주는 데 큰 도움이 되지 못한다.

그러나 내가 능력과 내공을 쌓을 때까지는 윗사람을 많이 알아야 도움이 되겠지만, 뜻을 펼치고 실행할 때가 되면 아랫사람을 더 많이 알아야 뜻을 이룰 수 있다.

생각해보라. 아랫사람이 언제까지고 그 직책과 그 나이에 머물러 있겠는가. 곧 취직을 할 것이고, 어떤 사업을 벌이기도 할 것이고, 내가 모르는 어느 분야에서 자리를 잡을 것이다. 그러면서 그 나름대로 인맥을 넓힐 것이다.

아랫사람이야말로 미래 인맥의 보물창고다. 지금 그 사람의 사회적 위치나 경제력이 별 볼일 없다고 해서 관심을 갖지 않는다면 생각이 짧은 것이다. 지금 당신이 베푸는 약간의 배려나 호의가 상대에게는 크게 기억된다. 인생을 조금만 더 살아 나이 40대 후반만 되어도 쉽게 알 수 있다. 어느 날 후배에게 부탁할 일이 생기는 것이다. 나이가 들수록 십자가의 아래쪽 인맥에 마음을 써야 하는 이유다.

02

도움을 받았으면
구체적으로 감사를 표하라

"상대의 인맥이 나의 인맥이다"라는 말이 있다. 상대의 인맥은 상대의 인맥이고 나의 인맥은 나의 인맥이지, 이게 무슨 말일까? 이는 상대의 인맥을 나의 인맥처럼 잘 활용하라는 의미다.

다른 사람이 주도하는 모임과 우리 모임을 결합시켜 상대의 인맥을 나의 인맥으로 만들어 활용한 경험이 있다. 급격히 늘어난 나의 토털 인맥으로부터 발생하는 정보들을 통해 나는 비즈니스 정보의 공유와 사업적 성과들을 상당히 많이 도출할 수 있었다. 얼마나 고마운 일인가. 타인의 인맥과 정보를 활용해 나의 인맥과 정보를 확대할 수 있는 효율적인 기회를 가졌으니 말이다.

여기서 유념할 점이 있다. 인맥과 인맥, 사람과 사람 간의 만남에는 대부분 이 과정을 도운 사람이 있다는 사실이다. 중간자 역할을 한 사람이 없다 하더라도 인맥을 키우고, 만남을 소개한 당사자들의 노력을 잊으면 안 된다.

인맥을 적극적으로 관리하는 사람은 대부분 그것을 위해 정성을 들이고 금전적, 시간적 투자를 아끼지 않는다. 나 역시 그래왔기에 인맥이 두터운 사람들을 보면 그들이 단지 활동적이기 때문만은 아니라는 것을 안다. 물질적으로도 상당한 투자를 해왔으리라 짐작한다.

따라서 다른 사람의 인맥을 활용해 사업적 이익을 얻었을 경우에는 그 인맥을 제공해준 이에게 감사의 표시를 해야 한다. 그 같은 인맥을 만들어온 인맥 보유자에 대해서도 보상할 필요가 있다는 의미다.

로마가 하루아침에 이루어지지 않은 것처럼 인맥도 하루아침에 이루어지지 않는다. 흔히 인맥을 자산이라고 말하지 않던가. 남의 인맥이나 정보를 이용했으면 감사를 표하면서 보상하는 것이 맞다. Thank you & Pay가 정답이다.

인간관계와 비즈니스를 조화시켜 오랜 관계를 유지해온 사람들은 인맥을 고유의 무형자산으로 여긴다. 따라서 다른 사람의 인맥으로부터 도움을 받고도 그에 상응하는 보상을 베풀지 않는 것은 남의 자산을 공짜로 훔쳐다 쓰는 것과 마찬가지다. 사업적 이익이 있다면 그 이익을 거두기 위해 활용한 인맥 그리고 그 인맥을 제공해준 사람에게 감사의 표시와 보상을 해야 한다.

이것이 인간의 예의이면서 기술적으로는 인맥 관리의 기초다. 보상을 통해 상대의 인맥을 존중하고 자부심을 갖게 해주면 그 사람은 다른 일에서도 적극적으로 당신의 후원자가 되어줄 것이다. 그러는 과정에

 비즈니스 소울메이트

서 상대와 상대의 인맥은 자연스럽게 당신의 인맥 범주 안에 들어오게 된다.

누구든 어떤 모임에 참여해 활동할 때는 그 그룹의 리더에게 감사하는 마음을 가져야 한다. 왜냐하면 그들이 시간과 비용을 투자해 인맥을 구축했고, 우리는 단지 참여함으로써 그 혜택을 누리는 것이기 때문이다. 어떤 영화배우의 겸손한 수상 소감이 있지 않은가? "나는 잘 차려진 밥상에 숟가락만 올려놓았을 뿐"이라고.

나의 인맥 네트워크를 편리하게 도와주는 그룹은 셀 수 없이 많다. 오프라인의 동창회, 향우회, 회사 동기 모임, 군동기 모임, 온라인의 인터넷 카페, 블로그, 개인 홈페이지, 페이스북 등 각종 소셜 네트워크 서비스까지…….

혹자는 모임을 만들고 주관하는 사람을 어떤 감투를 쓴다거나 자기과시를 하는 게 아니냐며 부정적으로 바라보기도 한다. 그런 부정적 시각으로는 아무것도 얻을 수 없다. 그들을 존중하고 협력하고 활용하고 보상해주는 자세가 인맥을 넓히고 확대해 나가는 지름길이다.

03

약속시간을 지키는 것이 품격이다

당신은 사람을 만날 때 첫인상으로 무엇을 기억하는가. 나에게는 약속시간이 첫인상이다. 시간을 잘 지킨다는 건 단순한 예의 차원이 아니다.

프로는 결코 약속시간을 어기지 않는다. 프로들의 세계에서 시간 약속이란 그 사람이 얼마나 자기 관리에 철저한가를 보여주는 핵심 포인트다. 시간을 잘 지키는 것은 성실성이고, 책임감이며, 자기 관리의 기본이다.

더군다나 프로는 개인적인 사정을 이유로 첫 약속을 뒤로 미루지 않는다. 첫 만남에서 시간을 어기면 그것을 만회하기 위해 다음에는 두 배의 시간을 투자해야 한다. 첫 만남의 인상은 오래 가는 법이어서 한 번만 더 늦어도 '아, 이 사람은 약속을 잘 안 지키는구나' 하고 기정사실화한다.

아무런 준비 없이 만나게 되는 우연도 있겠지만 누구든지 첫 만남을 위해서 많은 준비를 한다. 나 역시 그렇다. 예정된 첫 만남이 있으면 누구나 신경을 쓰게 마련이다. 옷차림도 신경 쓰고, 무슨 말부터 꺼낼까 준비해두고, 식사라도 함께하게 될 것 같으면 근처 음식점까지 미리 알아본다. 그런데 그 자리에 당신이 늦게 나타났다면? 상대는 당신이 자기와의 만남에 덜 신경 썼다고 생각하게 된다. 첫 만남을 그런 식으로 시작하면 그것을 극복하기 위해서는 몇 배의 노력을 해야 한다.

그러므로 팔다리가 부러져 거동할 수 없는 상황과 같이 불가피한 일이 아니라면 첫 약속을 몇 시간 뒤로 미루거나 다음 날로 옮기는 일은 삼가야 한다.

나는 약속은 철저하게 지키는 편이다. 약속시간 5분 전이나 늦어도 2, 3분 전에는 도착한다는 철칙을 갖고 있다. 그러다 보니 중간에 길이 막힐 것까지 감안해 일찍 출발하게 되고, 그 결과 거의 언제나 1등으로 도착한다. 그래서 재미있는 일화도 겪는다.

한번은 부하직원의 아이 돌잔치에 초대를 받았다. 장소는 강남 부근의 한 호텔이었고, 시간은 토요일 오후 1시였다. 나는 아내와 동행했는데, 이번만큼은 중간에 들어가 보기로 했다.

무슨 모임이든 매번 첫 번째로 도착해서 조금 겸연쩍기도 했던 차에, 30분 정도 늦게 도착할 생각으로 출발을 늦추었다. 그런데 아뿔싸, 돌잔치는 벌써 파장 분위기가 아닌가.

그 호텔은 행사 시작과 마무리 시간을 엄격하게 지키는 곳이었고, 2시부터는 다른 행사가 대기하고 있었다. 그 때문에 돌잔치에 초대한 직원은 하객들에게 참석 시간을 정확히 지켜달라고 당부했던 것인데, 나는 늦을 일이 없다고 생각해 그 당부를 흘려들었던 것이다.

아내와 나는 몇몇 아는 사람들과 인사를 나누고는 어수선한 식당 한 귀퉁이에 자리 잡고 음식을 먹어야 했다. '평소대로 할걸' 하고 속으로 구시렁거리면서.

 비즈니스 소울메이트

04

도움을
주고받을 때의 원칙은
제로섬_{zerosum} 이다

사람 간의 만남과 정보의 교류를 떼어내서 생각할 수 없듯이, 인맥의 형성과 이해관계를 수반하는 비즈니스의 교류도 떼어내서 생각할 수 없다.

인맥의 형성과 발전을 도모하는 사람들은 인간관계가 개입된 비즈니스 거래에서 특히 신중해야 한다. 수년 동안 공들여 쌓아온 인맥도 서툰 거래 한 번으로 무너질 수 있기 때문이다.

특히 아는 사람과의 거래를 통해 이익이 발생한 경우에는 그 이익을 어떻게 공유할 것인지 생각해야 한다.

사람도 잃지 않고 비즈니스도 하고자 할 때 이익 계산의 문제는 결코 가벼이 여길 일이 아니다.

인간관계에서 이익을 어떻게 다루어야 하는가에 대해서 여러 전문가들의 견해에 나의 의견을 보태어 다음과 같이 분류해보았다. 당신은 어디에 속하는지 체크해보기 바란다.

① give & take: 보통 사람들의 이익 계산
② give & forget: 약간의 내공이 있거나 기억이 희미한 사람들의 이익 계산
③ give & give & forget: 내공의 도를 넘어 심오한 철학적 관점이 있는 사람들의 이익 계산
④ give & thank you: 여유 있는 사람들의 이익 계산
⑤ thank you & pay: 인맥 관리를 하면서 비즈니스도 하는 사람들의 이익 계산

나는 인간관계로부터 파생되는 손익은 철저히 '제로섬'이라고 생각한다. 즉 보이지 않는 원리에 의해 균형이 잡히게 마련이다. 이는 마치 회계상의 '대차 평균의 원리'처럼 궁극적으로는 계산이 한쪽으로 치우침이 없다.

당신이 누군가에게 베풀었다고 해보자. 그러면 상대는 당신에게 빚을 졌다고 생각한다. 이런 심리는 두 사람의 관계에서도 알게 모르게 나타난다. 예를 들어 상대가 당신에게 정신적인 것이든 물질적인 것이든 빚을 졌다고 생각하고 있다면 고마워하면서 밥값이든 술값이든 먼저

내게 마련이다. 명절에는 간단한 선물이라도 하고, 아니면 전화로 먼저 근황이나 안부를 묻는다.

신세를 크게 진 경우에는 평생토록 갚으려고 노력할 것이고, 간단한 경우라면 일과성 사례로 부채 청산을 한다. 아무튼 빚을 다 갚았다고 여길 때까지 그렇게 암묵적인 계산이 이루어진다.

그런데 보통의 인간관계에서는 빚이 점점 줄어들어 '0'이 되는 시점을 지나 손익분기가 돌파되는 경우는 의외로 많지 않다. 대개는 어느 한쪽이 아쉬움이나 불만을 갖게 된다. 이는 빚에 대한 판단 기준이 서로 다르기 때문이다. 더 근본적으로는 우리 인간이 가진 본능적인 이기심의 한계라고 할 수 있다.

인맥 관리에서 가장 중요한 것 중의 하나는 이렇게 입장 차이로 인해 발생하는 문제를 미리 알고 예방하는 것이다. 인맥을 통한 비즈니스에서 갈등 요소는 늘 존재한다. 인간적으로 가까울수록 사업적 이익을 요구하기 어렵고, 사업적으로 인연을 맺게 될수록 인간적인 면, 즉 휴머니티를 잃어버리기 쉽다.

동창이나 고향 선후배를 만나 사업적인 이야기를 듣고 도움을 받았다면, 일이 잘 풀렸다 하더라도 꼭 그 대가를 지불하지는 않는다. 밥이나 술을 사는 정도로 간단히 인사를 대신한다.

하지만 처음부터 사업적으로 만났다면 일이 성사되었을 때 이와 같은 방식으로 마무리하는 것은 바람직하지 않다. 욕 먹기 딱 좋다. 사전에 약속한 대로 성공에 대한 보수나 사례를 정식으로 지불해야 한다.

그런데 가까운 사이일수록 사적인 인간관계와 사업적인 관계가 명확히 구분되지 않는다. 때문에 적극적으로 인맥 관리를 하려는 사람은 도움을 받는 경우 대가를 지불할지에 대한 원칙을 분명히 세워놓고 상대와도 공유해야 한다. 그래야 갈등을 사전에 예방할 수 있고, 갈등이 생기더라도 신속하고 원만하게 상황을 수습할 수 있다.

균형 감각이 있어도 오해는 생길 수 있다

한번은 친한 후배가 전자상거래 홈페이지를 만들려 하고 있기에, 전자상거래 홈페이지 구축 솔루션을 보유하고 있는 다른 후배를 소개해주었다.

두 사람의 거래는 성사되었다. 그런데 나중에 나에게 돌아온 말이 몹시 황당했다. 전자상거래 홈페이지 구축 솔루션을 판 후배는 내가 소개를 해줘서 싼값에 솔루션을 판매했다는 것이고, 솔루션을 산 후배는 비싼 가격에 구입을 했다는 것이다.

나는 합리적인 가격을 모르기 때문에 누구의 말이 맞는지 알 수 없었다. 다만 짐작되는 건, 내가 두 사람을 소개한 것이 사업적으로는 각자 다른 식으로 받아들여졌다는 것이다.

인간관계와 사업적 관계가 만나는 곳에는 늘 이런 '거래의 함정'이 존재한다. 인간적 유대와 비즈니스적 이해가 혼재하면서 거래가 이루어

　　　　　　　　　　　　　　　　　　　비즈니스 소울메이트

지는 경우 대체로 다음 세 가지 결과로 나타난다.

① 거래 당사자가 모두 인간적 유대에 기초해 거래를 할 경우. 이때
는 대체로 문제가 없다. 서로 인간적으로 도움을 주고자 했으므로
문제가 잘 풀리든 안 풀리든 상대에게 고마워하게 된다.

② 거래 당사자가 모두 비즈니스 개념에 기초해 거래할 경우. 이때도
대체로 문제가 없다. 처음부터 이익을 전제로 만났으므로 상호 이
익이 예상될 때에만 거래가 성사될 것이기 때문이다. 따라서 거래
가 성사되면 서로에게 좋고, 성사되지 않는다 해도 인간관계에 영
향을 주지 않는다.

③ 한 명은 인간적 유대를 기초로 해서 거래에 참여하고, 다른 한 명
은 비즈니스적 개념에 기초해 거래에 참여하는 경우. 이익 계산에
불일치가 생기기 쉽다. 비즈니스를 바라보는 관점과 손익의 개념
이 서로 다르기 때문이다. 나는 이것을 소셜 네트워크에서 일어나
는 '거래의 함정'이라고 부른다.

앞에서 예를 든 두 후배의 경우 모두 말로는 내가 소개해주는 사람
을 인간적으로 돕겠다고 했지만 어쩌면 둘 중 한 사람은 사업적인 계산
이 앞섰을지 모른다.

그러니 인맥 관리를 하려면 이런 경우의 원칙을 분명하게 해두어야

한다. 자신이 소개를 부탁하는 입장이든, 중개자이든, 소개를 받는 입장이든 다음을 명심해야 한다.

① 계산에는 반드시 상대가 있다.
② 동의되지 않은 계산은 계산이 아니라 일방적인 통보다.
③ 일방적인 통보는 인맥 관리는커녕 기본적인 인간관계마저도 망친다.

인맥과 정보의 중개자가 되는 경우 뜻하지 않게 어느 한쪽이나 양측으로부터 마음의 상처를 받을 수 있다. 그것이 인간적인 것이든 아니면 사업적인 손해이든 그런 일이 얼마든지 발생할 수 있다.

사전에 잘 대비하고 진솔하게 상대방을 대한다면 이런 일은 일어나지 않겠지만, 거래 당사자의 고의성이나 과실이 소개한 사람에게 전가되는 경우도 있다.

모든 상황을 일일이 대비할 수는 없겠지만 최소한 중간자 입장에 서는 사람이라면 인맥을 소개하거나 정보를 전달할 때 어느 한쪽에 치우치지 않도록 균형 잡힌 시각을 유지해야 한다.

두 사람 사이에 정보의 불균형이 있을 때는 어느 한편에 치우치지 않는 자세를 취해야 한다. 공정한 태도를 취하면 오히려 중간자인 당신의 입지가 강화되고 주도적으로 일을 성사시킬 수 있다. 즉 중간에 있는 사람의 생각이나 발언이 양측에 강한 영향을 미친다.

　따라서 사람을 소개할 때 그것이 온라인 만남이건, 아니면 오프라인 만남이건 중간자는 반드시 균형 감각을 유지해야 한다. 이것은 도덕적으로도 중요한 자세다.

05

도움을 줄 때
더 겸손해야 한다

앞에서 이야기한 전자상거래 홈페이지 구축과 관련해 두 후배를 연결할 때 나는 아주 편안한 마음으로 소개했다. 우선 나에게 이익이 걸린 문제가 아니었기 때문이다. 한 사람은 홈페이지를 사용하려는 입장이고, 다른 한 사람은 홈페이지를 제작해 파는 사람이니 서로에게 도움이 될 것이라고 생각했다.

그런데 결과는 둘 다 손해 보았다고 생각하는 것으로 끝나고 말았다. 그뿐인가. 두 사람은 모두 은연중에 나를 탓했다. 나는 둘 중 누군가는 이익을 숨겼다고 생각한다. 사심 없이 기분 좋게 연결해준 일이었는데, 결국 중간에 있는 내 탓이 되고 말았으니 씁쓸한 결과였다.

남녀 사이를 연결하는 중매에서도 흔히 있는 일이다. "중매 잘못하면 뺨이 석 대"라는 말이 공연히 나왔겠는가.

진정성을 갖고 상대방을 대해야 하는 건 재론의 여지가 없는 중요한 원칙이다. 그런데 진정성을 가지고 대하는 경우에도 종종 오해나 불필요한 잡음이 생기곤 한다. 모두 내 마음 같지 않다. 내 생각을 전달하는 과정이 잘못되었든 상대방의 오해에서 비롯된 것이든 말이다.

하물며 사업적인 이해관계가 맞물려 있을 때에는 상대방과 사전에 충분한 협의와 상호 간의 정확한 이해가 전제되어야 한다. 그렇지 않으면 사소한 일에서도 오해가 생길 수 있다. 자신은 많은 것을 주었다고 생각하는데 상대는 받은 게 없다고 생각한다면, 이것처럼 억울하고 속상한 일도 없다.

준다는 것, 베푼다는 것은 도움을 받을 때보다 훨씬 더 신중한 태도와 명확한 상황 이해를 필요로 한다. 나는 주었는데 상대는 받지 않았다고 생각할 수도 있기 때문이다.

특히 이익 공유를 전제로 한 사업의 성과물을 나누는 경우, 나는 상대에게 많이 주었는데 상대는 내가 더 많이 가졌다고 생각할 수도 있다. 이런 경우 상대는 박탈감을 느끼거나 심한 경우에는 적개심을 가질 수도 있다. 이런 일은 상황에 대한 해석이 각자의 경험과 지식에 따라 다르기 때문에 일어난다.

이렇게 되면 당신은 그동안 애써 관계를 맺어온 사람과 본의 아니게 결별을 할 수도 있다. 만일 상대로부터 시작돼 맺어진 인맥이 당신의 인맥과 결합되어 있는 경우라면, 당사자 간의 이해관계가 복잡한 인맥 네트워크를 통해 갖가지 해석을 낳으면서 자칫 당신의 명성을 해칠 수도 있다.

사람은 도움을 받을 때면 상대방의 언행 하나하나에 주의를 기울이고 그 내면까지 들여다보려고 한다. 그러나 도움을 주는 사람은 그런 면에 소홀하다. 거만해서가 아니라 주는 입장이라는 여유로움 때문에 상대의 기분이나 상황에 덜 예민해지는 것이다.

우리는 도움을 줄 때에 더 긴장해야 한다. 도움을 베풀고도 고맙다는 인사는커녕 서로 어색해지는 경우를 피하고 싶다면, 상대방의 심경과 상황을 배려해야 한다.

그렇다면 주고도 욕 먹지 않으려면 어떻게 해야 하는가. 보통의 거래에서 셈법이 틀려서 더 주고 욕 먹는 경우는 없다. 자신이 이익을 더 많이 가져갔는데 욕할 사람은 없을 것이며, 설령 틀렸다 한들 계산을 바로 잡으면 그만이다. 뒤탈은 없다. 쌍방 거래에서 주고도 욕 먹는 상황이 발생하는 것은 대부분 사람의 욕심이나 심리적인 태도가 원인이 된다.

받을 때 고마워하는 마음과 똑같이 줄 때도 고마워할 줄 아는 겸손함이 필요하다. 혹자는 주면서까지 겸손한 태도를 보여야 하느냐고 물을지 모르겠다. 하지만 남을 도우면서 느끼는 만족감과 기쁨을 생각한다면, 내가 누군가를 도울 수 있다는 사실만으로도 감사하는 마음을 가져야 한다. 그럴 때 더 좋은 관계를 유지할 수 있다.

　　　　　　　　　　　　　　　　　　

06

보답할 여지는
남겨두어라

비즈스페이스란 소셜 네트워크 모임을 주도하다 보니 내가 자연스럽게 인맥과 정보의 중심에 서게 된다. 요즘처럼 온라인으로 인맥과 정보의 네트워크가 급속도로 진전되는 상황이라면 머지않아 독자들도 자의건 타의건 간에 인맥과 정보의 네트워크 중간에 서게 되는 경우가 있을 것이다.

2년 전쯤 일이다. 알고 지낸 지 10년 정도 된 송 이사가 주말에 집 근처로 찾아와 상의할 일이 있다고 했다. 일요일 오후 3시쯤 동네 단골 커피숍에서 그와 만났다.

그는 중년의 신사를 대동하고 나왔는데, 영어를 가르치는 분이라고 했다. 영어 교습법이 특이한데, 다음 카페에서 그의 교습법으로 효과를 본 사람들이 많아 인기가 높다고 했다. 송 이사 자신도 아이를 같은 방법으로 가르치는데 효과를 보고 있다며, 그의 교육법을 책으로 내서 많은 학부모들에게 알렸으면 했다.

나는 개략적인 상황을 파악하고 나서 아는 출판사를 소개해주었다. 혹시 문제가 있으면 연락하라고, 그러면 내가 도울 수 있는 한 적극 협조하겠다고 말하고 헤어졌다.

그런데 그것이 마지막이었다. 나도 일이 바쁘다 보니 그 일을 잊어버렸다.

1년 정도 지났을까? 출판사 김 사장과 식사를 하게 되었다. 그런데 김 사장이 영어 교육책의 저자를 소개해주어 고맙다고 인사를 했다.

그날 두 가지 생각이 동시에 떠올랐다. 출판사 사장은 나와 직접 통화도 안 했는데 내가 소개한 것을 잊지 않고 있었구나 하는 것과, 그 저자는 책이 출판되었는데도 고맙다는 말 한마디 없구나 하는 것이었다.

나는 출판사에 저자를 소개해주고, 그 결과도 좋았지만 구체적으로 얻은 것은 전혀 없었다. 하지만 출판사와 그 저자에게 뭔가 좋은 의미의 것을 남겨두었다고, 감 몇 개를 감나무 위에 까치밥으로 남겨놓았다고 생각했다.

하지만 나 스스로 남겨둔 베풂의 까치밥은 두 갈래로 모습을 달리하고 있다.

내가 다니는 교회에서 군부대로 봉사활동을 가게 되었다. 천안함 사건, 연평도 포격사건을 겪으면서 군인들이 매우 어려운 복무환경을 겪고 있을 무렵이었다. 우리는 장병들을 조금이나마 위로하고자 하는 마음에서 부대에 필요한 것이 무엇인지를 물었다. 군목은 병사들의 휴식과 정서 함양을 위해서 양서를 보내주었으면 좋겠다고 말했다.

그때부터 교회 만남의 집에서 몇몇 사람들이 모여 책을 모으기 시작했다. 그때 문득 떠오른 사람이 바로 출판사 김 사장이었다.

나는 바로 출판사 사장에게 전화를 했다. "김 사장님, 내가 군부대에 책을 기증하려 하는데 좀 도와줄 수 있겠습니까?"라고 묻자 김 사장은 "1000권이면 되겠습니까?" 하고 대답했다. 순간 내 귀를 의심했다. 1000권?

그렇게 해서 김 사장으로부터 양서 1000권을 받았다. 신간을 종류별로 두세 권씩 모아 모두 1000권을 받았다. 나는 감동했다. 도움을 주면서도 이렇게 세심하게 배려하는구나 했다. 그 책은 군부대에 전달되었고, 군부대 내에 도서관까지 생기게 되는 참으로 행복한 일로 발전하였다.

하지만 나의 소개로 출판사와 연결되어 책을 낸 저자에게서는 지금까지 아무 소식이 없다. 내가 그분에게 남겨둔 것이 언제쯤 보답으로 돌아올까 하고 기다리는 것은 아니다. 내가 베풀고자 매달아놓은 까치밥이 있었다고 생각하는 것만으로도 이미 내 마음은 풍요롭다.

많은 사람을 만나고, 관계를 맺고, 다양한 이해관계가 얽히지만 누군가는 각박하지 않게 약간의 까치밥은 남겨놓아야 하지 않을까?

CHAPTER 5

인생과 경영의 지혜,
사람에게서 나온다

누구나 오래 가는 친구가 있었으면 한다.
사회생활을 하면서 많은 사람을 만나지만
단편적인 인간관계로 끝나기 쉽다.
한쪽만 일방적으로 주는 관계로 흐르거나
정작 필요한 순간에는 도움을 받지 못하기 때문이다.
그래서 어릴 적 친구가 진정한 친구라고 생각한다.
사회생활을 하면서 만난 사람이라 해도 인간관계를 돈독히 하면서
희로애락을 나누는 평생 동반자가 될 수는 없을까?
서로 신뢰하며 오래도록 함께하는 친구를 만들려면
인간적인 휴머니티와 비즈니스적인 이익을 조화시키는 지혜가 필요하다.
서로 신뢰할 수 있는 관계가 단기간에 이루어지는 것은 아니지만,
사람을 만날 때 꼭 지켜야 할 것 몇 가지만 기억한다면 어려운 일은 아니다.

우리네 인생사에
언제나 반전은 있다

인생사 모든 일이 변하게 마련이다. 그런데 바쁜 일상에 쫓기다 보면 그러한 평범한 사실을 잊고 지낸다. 변화된 상황이나 반전은 우리 주변의 인간관계에서도 쉽게 찾아볼 수 있다.

1986년 대우그룹의 주력 계열사였던 대우통신 기획실에서 근무했다. 서울역 앞에 우뚝 솟은 대우그룹 빌딩에는 그룹 내 주력회사들의 핵심 사업부가 입주해 있었다.

요즘은 직장인들의 근무 분위기가 많이 자유로워졌지만, 당시만 해도 공무원 사회의 분위기와 크게 다르지 않았다. 사원, 대리, 과장, 차장, 부장, 이사 등 계급체계가 뚜렷하고 그에 따른 책임과 권한이 분명했다.

예를 들어 보고할 내용이 있으면 대리는 과장에게만 보고하면 그것으로 끝이었다. 이후의 일은 상급자인 과장이 차장이나 부장과 해결하면 되고, 자신의 상급자를 거치지 않고 보고하는 경우는 거의 없었다. 직급의 위계질서가 그만큼 확실했다.

상급자는 그야말로 하늘과 같은 존재였다. 하급자의 인사고과나 업무 지시에 이르기까지 모든 것을 좌지우지할 수 있었다.

회사 분위기에 익숙해질 무렵에 나는 선배 직원에게 충격적인 이야기를 들었다. 교환기 영업 담당 이사가 예전에는 교환기 영업 담당 부장의 부하직원이었다는 것이다.

그때로서는 정말 놀라운 이야기였다. 한 직장에서 오래 근무하다 보면 진급이 빠른 사람이 있다. 그런 이유로 동기를 상사로 모셔야 하는 경우도 있지만, 같은 부서 안에서 부하와 상사의 상하관계가 완전히 역전되는 건 드문 일이었다.

부하직원이었던 사람이 어느 날 나의 상관이 되어 나한테 업무 지시를 내린다면, 일할 수 있을까? 거꾸로 내가 모시던 상사가 하루아침에 부하직원이 되었다면? 특히 부하직원을 상사로 모시는 입장이라면 그야말로 악몽일 것이다. 나의 체면은 무엇이 되고 남들은 무어라 수군거릴까? 차라리 직장을 그만두는 편이 낫지 않을까?

한 직장에서 일어난 두 사람의 역전관계를 알고 나자 묘한 기분이 들었다. 어느덧 20여 년이 지났지만, 인생의 역전을 극적으로 보여준 두 선배의 모습을 가끔 떠올린다.

이 같은 반전이 종종 일어난다. 오늘은 내가 상대보다 우월한 입장이지만 내일은 그에게 도움을 청하는 처지가 될 수도 있음을 생생히 보여주는 사례다.

우리는 사람을 만날 때 보통 상대의 역할과 내 역할의 역학관계 속에서 행동한다. 한쪽은 '갑'이 되고 다른 한쪽은 '을'이 된다. 일반적인 거래에서 자금을 집행하는 발주자를 '갑'이라 하고, 발주를 받아 납품하고 대금을 받아가는 쪽을 '을'이라고 한다. 요컨대 권한을 가진 자는 '갑', 권한이 없거나 약한 자는 '을'이라 할 수 있다.

갑과 을의 관계는 말투나 표정, 악수할 때 허리를 숙이는 정도, 밥값 계산에 이르기까지 그대로 반영되어 나타난다.

하지만 그 관계는 얼마나 지속될까?

갑과 을이 바뀌는 일은 흔하다.

지인 중에 채권추심업체에서 일하는 사람이 있었다. 채권추심업이란 기업이 받지 못하는 돈을 대신 받아주고 사례금을 받는 직업이다. 따라서 기업체를 발굴하여 기업의 채권을 인계받아야 사업을 영위할 수 있다.

그 역시 기업체를 찾아다니면서 채권추심을 의뢰받는 일을 했다. 하루는 어느 기업에 채권위임을 요청하니 그럴 만한 일이 없다며 그를 잡상인이라도 대하듯 내쫓다시피 했다.

시간이 지난 후 그는 다른 기업으로부터 채권추심을 해달라는 의뢰를 받았는데, 그 상대가 바로 그를 문전박대했던 기업이었다. 얼마 전까지 영업을 위해 채권을 확보하고자 찾아다닌 기업을 상대로 이번에는 돈을 받아내는 일을 하게 된 것이다. 갑과 을이 뒤바뀐 것이다.

그의 기분이 어땠을까? 사람은 감정의 동물이다. 자기를 가볍게 취급했던 그 기업에 대해 역전된 힘을 써먹겠다는 마음이 생길 게 당연하다. 그 역시 그 기업에 대해서만은 다른 어느 곳보다 끈질기게 채권추심을 진행했고, 목표하는 채권을 지금까지도 추심하고 있는 상황이다.

만일 그가 처음에 찾아갔을 때 채권추심을 맡길 수 없는 이유를 합리적으로 설명했더라면 어땠을까? 또 정중하고 따뜻하게 대해주어 인간적인 감동마저 느낄 정도였다면 어떻게 되었을까? 그 회사의 사정을 자기 일처럼 대변하며 최대한 채권추심에 융통성을 보여주었을 것이다.

이제 우리나라의 자본시장에서도 기업 간 인수합병(M&A)이 보편화되었다. 기업이 기업을 사고파는 일은 기업들이 수시로 택하는 성장 전략이기도 하다.

기업의 매수, 매도와 같은 거대한 딜의 이면에서 활동하는 사람들은 기업의 속성을 잘 알고 있고, 다양한 관계로 얽혀 있다. 회사 사정을 잘 알고 있는 전직 임원이나 핵심 보직에 있던 사람들이 이런 일에 참여하기도 한다. 특히 적대적 M&A에서는 전직 임원 등이 개입하는 일이 많다.

그런데 부당하게 퇴출된 전직 임원이 기업 인수자의 편에 서서 당신이 근무하는 회사를 인수하기 위해 찾아왔다면 그 상황이 어떠하겠는가. 만일 그가 당신에게 나쁜 감정을 품고 있다면 M&A가 성사되는 순간 당신은 그 자리에서 바로 퇴출되지 않을까.

겸손과 배려는 인간적인 측면만이 아니라 처세술에서도 중요한 항목이다. 인맥 관리니 처세술이니 하는 것을 단지 성공을 위한 기술로만 여기는 사람이라 할지라도 인간적인 겸손과 배려는 절대 무시할 수 없는 덕목이다.

갑과 을의 관계는 언제라도 뒤바뀔 수 있다. 어쩌면 우리네 인생사에 늘 반전이 숨어 있다는 사실이야말로 세상을 살아가는 재미다.

02

함께 갈
인생의 동반자가
필요하다

누구나 좋은 사람을 만나면 관계를 오래 지속하고 싶어한다. 하지만 현실은 꼭 그렇게 되지는 않는다. 필요하면 만나고 필요 없으면 헤어지는 것이 요즘의 세태다. 그러다 보니 이용만 당하고 버려질 것이 두려워 상대에게 쉽게 다가가지 못하는 경우도 있다.

자식이 늙고 병든 부모를 유기하는 세상이다 보니 사회생활을 하면서 평생토록 함께할 사람을 만난다는 것은 거의 불가능해 보인다.

어느 날 늦은 저녁 시간에 갑작스러운 사고 소식을 접했다. 연락을 해온 사람은 전 직장의 동료이자 당시 건설사 임원으로 있던 오 이사였다.

"송 이사님이 어제 저녁에 계단에서 쓰러졌는데, 늦게 발견된 데다 조치가 늦어져서 심각해."

나는 다음 날 송 이사님을 문병하러 갔다. 송 이사님의 건강 상태는 매우 좋지 않았다. 병원에서 긴급조치를 했지만 출혈이 있는 상태로 너무 오래 방치되었기 때문에 몸 한쪽을 자유롭게 움직일 수 없는 지경이었다.

송 이사님은 내가 대우통신 자금부에서 근무할 때 나의 직속 상사였다. 대우그룹이 잘나가던 시절 송 이사님은 상사와 부하직원들로부터 신망을 받았고, 능력을 인정을 받으며 승승장구했다. 부서장 진급도 다른 사람들보다 훨씬 빨랐다.

이후 PC 판매에서 이름을 날리던 세진컴퓨터랜드라는 회사가 대우 계열사로 편입되었을 때 관리총괄임원으로 파견되어 그 회사의 경영 정상화를 위해 중책을 맡기도 했다.

대우그룹 계열사에서 퇴직하고, 중소기업의 간부로 들어갔는데, 공교롭게도 입사를 환영하는 회식 자리에서 쓰러지고 만 것이다.

나는 송 이사님과 약간의 시차를 두고 대우그룹을 떠났지만 그 후에도 가끔 연락을 주고받았고, 63모임에도 줄곧 함께했으니, 이미 10여 년이 넘는 세월을 함께한 막역한 사이였다.

이제 송 이사님은 안타깝게도 장애인이 되었다. 그토록 유능한 분이었지만 다른 정상인들과 똑같이 행동할 수 없고, 모임에 참석하는 것조차 여의치 않게 되었다.

나는 송 이사님을 찾아가 비록 몸이 불편해도 할 수 있는 일이 얼마든지 있다고 강조하며 용기를 북돋아주었지만, 그것이 격려는 될지언정 현실적인 도움은 되지 못했다.

송 이사님은 점점 바깥 활동을 줄이고 그 대신 소통 수단으로 컴퓨터를 활용하기 시작했다. 그러나 모임의 홈페이지 게시판에 글을 올리는 것도 점차 횟수가 줄어들더니 나중에는 포기하게 되었다. 하필이면 오른손을 쓸 수 없게 되는 바람에 왼손으로 키보드를 작동해야 했기 때문에 그 어려움이 배가 되었던 것이다.

63모임의 취지가 비즈니스뿐만 아니라 인간적 유대를 갖고 평생의 모임이 되자는 것임에도 불구하고 송 이사님의 발걸음은 뜸해졌다.

나는 끈질기게 송 이사님을 모임에 초대했다. 나의 끈질긴 권유가 송 이사님에게 어떤 식으로 전달되었는지 모르겠지만 어느 날부터는 송 이사님의 여동생이 모임에 나오게 되었다.

여성 회원이 많지 않았기 때문에 그분의 여동생은 자연히 눈에 띄고 이목을 끌었다. 여동생을 모임에 추천한 송 이사님이 우리 모임을 바라보는 마음은 어떠했을까? 동생을 통해서나마 만남의 인연의 끈을 놓지 않고 더욱더 발전적으로 이어가고 싶은 마음이 아니었을까.

송 이사님의 여동생은 성격이 활발해 분위기 메이커가 되었고, 수년이 지난 지금도 우리와 함께 활동하고 있다.

만약 사람과의 만남에서 사업상의 욕구만 존재한다면 사업적 성과를 못 내거나 더 이상 사업적 필요성이 없을 때에는 서로에 대한 매력과 가치도 금방 떨어지고 말 것이다.

모임도 마찬가지다. 비즈니스 측면만 강조할 경우 회원이 들어오고 나가는 일이 이해관계에 좌우되어 이합집산을 반복하다가 어느 날엔가는 서로 이익만 추구하는 무미건조한 모임이 되고 말 것이다.

 비즈니스 소울메이트

하지만 비즈니스적 욕구를 당장 해결해주지는 못한다 하더라도, 인간적 유대가 남아 있다면 그 관계는 쉽게 인연의 끈이 떨어져 나가는 일 없이 굳건하게 지속된다.

우리가 사람을 사귀는 이유는 대체로 두 가지다. 하나는 휴머니티 넘치는, 즉 인간미 있는 사람과의 교류를 원하기 때문이고, 다른 하나는 비즈니스적인 문제, 즉 이익 실현과 자신의 문제를 해결하기 위해서다.

그런데 비즈니스와 인간적인 유대는 마차의 두 바퀴와 같이 상호 작용을 한다. 평소 인간적인 유대감이 없는 사람은 결정적인 순간에 비즈니스적으로도 도움을 구하기 어렵다.

내가 상대방의 도움이 절실한 상황일수록 상대 입장에서는 희생을 감수하거나 큰 부담을 져야 한다. 따라서 정말 도와주고 싶은 마음, 기꺼이 손해를 감수할 마음이 있어야만 나에게 도움을 줄 것이다.

인간관계를 다룬 책들을 보면 상당 부분이 지나치게 기술적이고 이해타산적인 측면만 강조하고 있는데, 이것은 인간관계의 본질을 간과한 것이다.

인간관계를 기술적으로 관리하는 데는 한계가 있다. 마치 농부가 과수나무를 키우듯 인내심을 가지고 오래 정성을 들여야 한다.

송 이사님이 여동생을 소개할 정도로 돈독한 인맥과 인간관계가 가능한 것은 우리가 보편적으로 인간관계에서 구하고자 하는 '신뢰'가 있었기 때문이다.

나의 인맥은 주로 63모임을 중심으로 뻗어 있고, 오래 사귄 친구는

40년 지기까지 있을 정도로 함께한 세월이 짧지 않다. 또한 비교적 최근에 인연을 맺은 사람일지라도 쉽게 헤어지는 법이 거의 없기 때문에 평균 7, 8년 이상의 만남을 지속하고 있다.

2000년 초 63모임을 만들면서 정한 모토는 '사람을 사귄다는 것 human network과 비즈니스를 한다는 것, 두 가지를 조화롭게 하여 평생을 함께하는 모임으로 가자'였다.

혹자들은 비아냥거린다. 동행? 평생을 함께하는 모임이라고? 가족도 이혼이나 불화로 인해 별거, 분가를 하는 등 평생을 함께하기 어려운데 하물며 사회에서 만난 사람들과 평생을 함께한다고?

그러나 사회생활에서 만난 사람들은 오히려 약간의 성의만 유지하면 평생 동반자가 될 수 있다. 부모자식의 관계나 부부간의 관계처럼 서로 무리한 기대는 하지 않기 때문이다.

그때그때 상대의 마음을 배려하고, 상대가 어려움에 부딪히면 자기 능력껏 도움을 주면 된다. 삭막한 개인주의가 판치는 이 세상에서 작은 마음 씀씀이만으로도 상대에게 위안이 되고 힘이 되어줄 수 있다. 얄팍한 이해타산만 앞세우지 않는다면 사회생활의 인연 중에서 오히려 평생 동지를 구할 수 있다. 그런 면에서 인간관계는 평생을 바라보는 롱런 게임이다.

   비즈니스 소울메이트

03

작은 만남에도
인연의 철학을 가져라

누군가를 만난다는 것은 그 자체로 감사한 일이다.

온라인의 발달로 트위터나 페이스북 같은 소셜 미디어를 통해 수백, 수천의 인맥이 네트워킹되는 요즘도 '만남 = 감사'이다.

그 사람의 지위가 높고 낮음, 잘나가는 사람이냐 아니냐는 중요하지 않다. 나는 처음 만날 때의 높은 지위를 끝까지 유지하는 사람을 몇 명 보지 못했고, 끝까지 사업이 잘되는 사람도 거의 보지 못했다. 그런 사람은 오히려 별종이다 싶을 정도다.

잘나가든 못 나가든 인생사 영욕의 시간이 흘러도 지속적인 만남을 가질 수 있는 사람은 만남의 인연을 함부로 훼손하지 않는 사람이다.

절친 두 사람을 한꺼번에 잃은 일이 있었다.

63모임에서 사업적으로나 인간적으로 도움을 주고받는 평생 모임이

라는 취지를 이루고자 선택한 방법이 자신을 열어 보이는 '자기 공개'였
다. 즉 자신이 가진 정보와 인맥을 서로 공유하는 것이다.

인맥 및 정보를 체계적으로 공유해 나감으로써, 자연스럽게 회원 간
에 비즈니스가 발굴되고 성사되는 일이 늘었다.

나는 모임의 막내인 후배에게 이 같은 취지를 설명하면서 운영진으
로 참여해볼 의사가 있는지 물었다.

후배는 며칠 심사숙고하더니 나의 제안을 받아들였다. 하지만 전담
운영에 대한 별도의 보수나 그와 유사한 어떤 보상이 주어지는 것은 아
니었다. 그저 회원들이 가진 정보를 네트워킹해주면서 자신과 연관성
있는 사업적인 부분을 찾아내 스스로 이익을 구해야 했다.

나는 회원들의 비즈니스적인 욕구도 해결하고 후배도 최소한의 사
업적 성과를 내도록 하기 위해서 모임의 구성과 운영, 그리고 회원들의
면면에 관해 상세히 알려주었다.

후배는 나이에 비해 사업 감각이 뛰어났고, 붙임성도 좋아 연배 많은
회원들 사이에 서로 평판이 좋았다.

그는 사업적인 정보를 회원들에게 전달하고 회원들의 요구 사항이
들어오면 다른 회원과 다시 연결해주었다. 그렇게 정보 교류의 가교 역
할을 충실히 수행했다.

어느 날 그를 눈여겨본 회원이 그에게 사업 아이템을 하나 소개했는
데, 그것이 문제의 발단이 되었다.

당시 그 회원은 대학교수였는데, 그 후배에게 사업 아이템을 건네주
고 함께 일하게 되었다. 해외출장도 같이 다녀오는 등 급속도로 가까워

  비즈니스 소울메이트

졌다.

그런데 어느 날 후배가 모임의 운영진을 더 이상 맡기 어렵다고 말했다. 애당초 운영진이란 것이 자발적인 것이었으므로 나는 조금 아쉽기는 했지만 후배의 의견을 받아들이고 앞날의 발전을 진심으로 빌어주었다.

자세한 상황은 나중에야 알게 되었다.

우리 모임에서는 사업이 성사되는 경우 수익의 일정 부분을 모임에 다시 환원하게 되어 있다. 인맥과 정보의 교류를 통한 비즈니스적인 이익이 발생하는 경우 이것을 합리적으로 공유하여 운영자금으로 사용하는 시스템이었다. 후배 역시 그런 사실을 잘 알고 있었다.

그러나 후배는 사업이 성사되고 수익을 내면서도 금전적인 부분에 대해 정확한 설명 없이 모임을 떠나버린 것이다. 나는 후배의 행동에 대해 의구심을 느꼈다. 이익을 공유하는 것이 불편했나? 아니면 후배와 대학교수인 그 회원 사이에 무슨 일이 있었나?

결국 아끼는 후배와 좋아하는 지인의 비즈니스적인 결합은 개운치 않은 뒷맛을 남겼고, 나는 나대로 신뢰에 금이 가는 서운함을 맛봐야 했다.

인간관계를 쌓아가는 과정에서 절대 잊지 말아야 할 것이 있다. 당장의 이익만이 아니라 평생 아름다운 관계로 발전시키려는 노력이다. 인간관계를 통해서 사업적 이익을 추구할 수는 있지만 사업적 이익이 최종 목표가 되어서는 안 된다. 사업적 이익보다 더 큰 목표는 인생의 파트너로서 서로에게 도움을 주는 것이다.

얼마 전 그 후배가 늦장가를 간다는 소식을 듣고 지난날의 불편했던 심경을 털어버리고 축하해주러 갔다. 모임을 떠났지만 인간관계마저 단절되었다고는 생각하지 않았기에 당연한 마음으로 하객이 되었던 것이다.

그런데 하객 중에 회원은 거의 보이지 않았다. 나는 회원들의 인정 없는 모습에도 실망했지만, 모임을 홀연히 떠난 후배의 자업자득에 안타까운 마음을 금할 수 없었다.

당장의 이익에 연연해 모임을 떠났고, 이후에도 회원들과의 관계 유지를 위한 약간의 노력조차 하지 않음으로써 관계가 완전히 단절된 것이다. 인생의 좋은 동반자들을 놓쳐버린 그의 모습에 많이 씁쓸했다. 내가 보기에 그의 손익 계산은 인생 전체로 보면 분명 마이너스였다.

사람을 만나고 사귀다 보면 서로의 관계를 정립해야 할 시기가 온다. 인맥이 확장될수록 인맥의 연결이 복잡해지고, 다양한 이해관계가 맞물리게 되면 더욱 그렇다.

이익을 눈앞에 두고 상대와의 관계를 어떻게 설정할 것인가. 이것은 단순히 비즈니스의 문제만이 아니라 인간적인 측면에서 맺은 인연을 어떻게 바라볼 것인가 하는 자기 철학의 문제이기도 하다.

사람을 만나고 인맥을 쌓는 데 어떤 자세를 유지할 것인가. 필요하면 만나고 필요 없으면 헤어지는 관계로 갈 것인가. 어렵고 힘들 때 서로 돕고 의지하는 관계로 갈 것인가. 아마도 누구나 후자를 원할 것이다.

사업이 아무리 잘되어도 외롭고 공허할 때가 있는 법이다. 그럴 때

허심탄회하게 술 한잔 기울일 친구조차 없다면 그것처럼 공허한 인생은 없다.

사람을 사귀는 목적에 대해 세 가지 질문을 해볼 수 있다.

첫째, 사람을 사귀는 목적이 우정이나 인간적인 유대의 발전, 즉 휴머니티의 발전을 전제로 하는가.

둘째, 사람을 사귀는 것이 궁극적으로는 비즈니스를 하기 위한 목적인가.

셋째, 앞의 두 가지가 혼재된 것인가. 다시 말해 우정이나 휴머니티도 유지하고 비즈니스도 하기 위함인가.

사람들은 "이해관계 속에는 우정이 존재할 수 없다"고 말한다. 이해관계나 사업적 요소가 개입될 경우 자칫 순수한 우정이나 휴머니티가 손상될 수 있음을 경계하는 말이다. 그러나 사회생활을 하면서 인맥이 필요한 것은 비즈니스적인 요구를 충족시키기 위해서다.

그렇다면 폭넓은 인간관계를 형성하고 발전시켜 나가는 가운데 비즈니스 문제도 함께 해결한다는 현실적 입장을 가져야 한다.

사실 우리가 사회생활을 하면서 사귄 사람들의 면면을 살펴보면, 기본적으로 인간적인 우정과 비즈니스적인 해결을 함께 도모한다. 관계의 양면성이 동전의 앞뒤처럼 서로 붙어 있다. 이 사람은 비즈니스 인맥, 저 사람은 우정 또는 휴머니티 인맥, 이런 식으로 양분되지 않는다. 누가 나에게 득이 되는 사람이고, 누가 나에게 실이 되는 사람인가, 경계의 선을 긋는 것도 사실상 무리다.

사람을 골라서 만난다는 것은 이론적으로는 가능하지 몰라도 현실에서는 난망하기 그지없는 일이다. 겸손하게 만남을 즐기고 만남에 감사하며 최선을 다하는 자세, 이것이 인맥을 유지하는 가장 자연스러운 방법이다.

"만나는 사람이 모두 내 인맥이다." 만나는 사람 한 명 한 명을 모두 자신의 인맥으로 만들라는 의미보다는, '어느 누구도 소홀함이 없이 대하라'는 의미가 더 크다. 사람을 만나는 일에 목적부터 너무 앞세우지 말라는 이야기다.

나 또한 12년 넘게 인맥 관리를 해오면서 이 점을 명심하고 있다. 12년 동안 체계적으로 인맥 관리를 해오는 동안 부탁받던 위치에서 부탁하는 위치로, 다시 부탁하던 위치에서 부탁받는 위치로, 역전에 역전이 반복되는 인간관계를 경험했다.

우리는 내일 일을 예측할 수 없으므로 모든 만남을 소중하게 여기는 마음가짐이 가장 중요하다. 인생을 멀리 내다보면서 인간관계와 비즈니스적인 이해관계, 두 가지를 조화롭게 해야 한다. 그렇지 않으면 사업적인 용건이 없어지거나, 인간적인 유대관계가 멀어지면 그 관계는 단절된다. 반면 사업적인 용건이 없어도 인간적인 유대로 만나고, 인간적인 유대가 없어도 사업적인 용건으로 만나면서 지속적인 관계를 맺는다면 이상적이지 않겠는가.

두 가지 측면을 잘 조화시키면 사람 인人 자처럼 오래도록 서로 기댈 수 있는 롱런하는 인간관계가 될 수 있다. 오랫동안 쌓아온 인간적인 신뢰를 바탕으로 이루어지는 사업적인 제안은 성공 가능성이 더욱 높아진다. 이것은 나의 경험칙이다. 이왕이면 믿는 사람의 손을 들어주는 것이

　　　　　　　　　　　　　　　비즈니스 소울메이트

인지상정이다.

이런 관점에서의 인간관계는 기술적인 만남이나 테크니컬한 방법보다는 신중한 관계의 설정이 필요하다. 철새처럼 이익을 좇아 모이고 헤어지는 관계가 아닌 정·의리·인연과 같은 휴머니티 요소와 합리성·철저함 등의 사업적 요소가 적절하게 균형을 유지할 때 인맥 관리도 성공한다.

무형의 재산,
인맥으로 보답하라

건강관리용 소프트웨어를 개발하여 판매하는 후배 박 사장이 있다.

운동처방과 영양관리를 하나로 묶어 건강을 관리해주는 소프트웨어이다. 주요 판매처는 대형 피트니스나 학교 또는 일부 건강 증진을 체계적으로 지도하는 건강 증진 센터와 같은 기관이다.

나는 가끔 박 사장을 만나 사업에 관한 이야기를 들었는데, 대부분의 벤처기업들이 그렇듯 프로그램 개발 인력 관리와 자금이 문제였다. 나는 그 사업의 내용을 알았기에 정부기관이 지원하는 프로그램을 소개해주었고, 마침내 적임 기업으로 선정되어 정부기관의 지원 자금을 일부 받을 수 있게 되었다.

후배는 자신의 지인들을 나한테 소개할 때마다 내게 도움을 받았노라고 자랑하곤 했다. 당연히 나를 좋게 소개해주었기 때문에 소개받은 상대방도 내게 좋은 감정을 가졌다.

박 사장을 알고 난 뒤 제일 먼저 소개를 받은 사람은 김 박사였다. 그는 S대를 졸업하고 미국의 유명한 주립대 대학원에서 물리학 박사학위를 받은 수재였다. 박 사장과는 고교 동창으로 절친한 친구였다. 나와도 자연스럽게 호형호제하는 사이가 되어 많은 이야기를 나누었다.

내가 10년 이상 소셜 네트워크 모임을 해왔다는 얘기를 김 박사에게 했더니, 김 박사는 법무법인의 박 실장과 벤처 사업가 강 사장을 소개해주었다. 강 사장은 다시 컨설팅 회사의 김 대표를 소개해주었다. 이렇게 꼬리에 꼬리를 물고 인맥이 넓어지게 된 것은 내가 박 사장에게 도움을 준 것이 시작이었다.

이후 박 사장은 내가 속한 회사와 사업적인 연관성이 있을지 모른다며 산모도우미 체인인 산모피아를 운영하는 회사의 대표이사를 소개해주었고, 그 회사의 대표이사 겸 한의원 체인을 운영하는 김 원장은 다시 그 회사의 공동대표인 이 대표를 소개해주었다. 결국 이 과정도 박 사장이 나에게 감사의 뜻으로 어떻게든 나를 돕겠다는 취지에서 시작된 것이다.

소셜 네트워크 시대에 사는 우리는 서로 도움을 주고받는 관계에 있지만 그 보상은 꼭 금전적인 것이 아닐 수도 있다. 나의 인맥을 제공하는 것도 하나의 보답이 될 수 있다. 소중한 인맥이야말로 많은 시간과 노력을 들여 키워온 무형의 재산이다. 그 재산을 상대방에게 제공하는 것이다.

나는 박 사장이 직접 소개한 사람이나 혹은 박 사장이 소개한 사람이 다시 소개한 분들에게 기회가 닿는 대로 나의 니즈를 연결시켜 시너지 효과가 나타나기를 바란다. 물론 그것이 사업적인 것인지, 인간적인 유대인지는 예단할 수 없다.

세상의 모든 일에는 순기능과 역기능이 있다. 내가 제공하는 인맥이 상대방에게 반드시 도움이 되는 것은 아니며, 오히려 상대방에게 피해를 줄 수도 있다. 그렇게 보면 보상이든 감사하는 마음이든 내 인맥을 다른 사람에게 내어놓는 것은 쉽지 않다. 하지만 선의로 사람을 소개해주는 이에게 먼 훗날까지의 관계를 보장받으려 한다면 그것은 과욕이다.

감사하는 마음을 인맥으로 보답할 수 있는 것이 소셜 네트워크 시대의 계산법이라고 생각한다.

 비즈니스 소울메이트

05

상대의 문제를
내 문제처럼 생각했는가

결혼식이 끝나면 사진 촬영 순서가 이어진다. 이때 안내자가 "가족, 친지, 그리고 친구 여러분"을 부른다. 그만큼 가족, 친지, 친구는 그날의 주인공과 떼려야 뗄 수 없는 가까운 관계다. '친지', '친구'. 그렇게 가까운 호칭으로 불릴 수 있도록 유대관계를 유지하려면 어떠한 노력이 필요할까?

누구나 다양한 사람을 사귀고 싶어한다. 그러나 주변에 사람이 많다고 해서 인맥이 넓은 것은 아니다. 나에게 도움을 주고 싶어하는 사람, 내가 도움을 주고 싶은 사람, 그것이 인맥이다. 그런 인맥만이 나의 인생의 파트너가 될 수 있다.

'이인동심 기리단금二人同心 其利斷金'이라는 말이 있다. 두 사람이 마음을 합하면 쇠와 같이 강한 것도 끊어버릴 수 있다는 의미다. 사람이 마음을 합하면 못할 일이 없다는 강한 메시지와 함께 사람을 사귐에 있어 깊이가 얼마나 중요한지를 적절하게 표현하고 있다.

그런데 깊이 있는 사귐은 어떻게 가능할까? 어떻게 하면 상대는 나를 '친구'로 여기게 될까?

나에게 친구란 개념은 '걱정해주는 사람'이다.

직장 동료가 자판기 커피를 마시며 가볍게 말한다.

"오늘 아침에 마누라하고 싸우고 나와서 기분이 찜찜해."

대부분의 사람들은 가볍게 대응한다. 그것을 '문제'라고 보지 않기 때문이다. 그래서 씩 웃고 넘어가거나, 별것도 아닌 일에 신경 쓴다는 식이다. "야야, 사내자식이 그런 걸 가지고 뭘 그래?" 하며 어깨나 한번 툭 쳐주거나, 싸운 이유에 대해 가벼운 호기심으로 물어본다.

그런데 당신이 이렇게 반응한다면 어떻게 될까.

"그래? 그럼 일도 손에 안 잡히겠네. 와이프도 같은 기분일 거야. 네가 먼저 전화해서 화해해."

작은 일이지만 상대는 당신이 보여준 관심을 잊지 않을 것이다. 상대는 울적한 기분에 이 문제를 털어내고 싶어 오전에만 벌써 다섯 명에게 이런 말을 했다. 하지만 다들 시큰둥한 반응을 보였다.

상대는 어쩌면 아침에 싸운 일 따위는 다 잊어버렸지만 커피 마시면서 딱히 할 이야기도 없고 해서 정말 가볍게 한 말일 수도 있다. 그래서 당신의 반응은 더 인상 깊다.

심각한 얼굴로 털어놓는 것만이 '문제'가 아니다. 차가 견인되었다거나, 아들이 공부를 안 해서 걱정이라거나, 요즘 금방 피곤해진다거나, 처

    비즈니스 소울메이트

형이 아프다는 등의 말을 들었을 때 당신은 어떻게 반응했는가? 그럴 때 당신이라면 상대로부터 어떤 반응을 기대하는가?

상대의 말을 소홀히 듣지 않고 '문제'로 생각해주는 마음, 그것이 친구의 마음이다. 그런 친구야말로 당신에게 큰 문제가 생겼을 때 기꺼이 도와줄 진정한 인맥이다.

인맥은 친구다. 친구는 자잘한 일상적인 대화 속에서 만들어진다. 인터넷에서 친구가 올린 글에 걱정이 담긴 댓글을 달아보자.

지금 만나는 사람에게 투자하라

수많은 사람을 만나면서도 주변에 친구가 없다며 다시 새로운 인맥을 찾아나서는 사람이 있다. 마치 가까운 곳에 행복이 있는데도 멀리서 찾는 것과 같다. 당신이 오늘 만난 사람을 떠올려보라. 그 사람이 바로 인연이요, 그 인연이 바로 당신의 인맥이다.

행운의 네 잎 클로버를 찾기 위해서 행복의 세 잎 클로버를 짓밟고 다니는 우를 범하듯이, 나의 주변에 있는 소중한 행복의 인맥을 놓치고 뭔가 멋져 보이는 행운의 인맥을 찾아다니지 말라는 이야기다. 가까운 곳에 있는 사람에게 우선 주목해야 한다.

우리의 생애에서 첫 인맥은 부모다. 부모는 조건 없이 평생 주기만 하는 가장 든든한 후원자인 인맥이다.

출퇴근길에 무심코 지나쳤던 아파트 경비 아저씨에게 눈길을 주어

보라. 며칠 전 우울증으로 아파트에서 뛰어내린 중년 여인을 제일 먼저 발견해 신고함으로써 여인의 목숨을 구한 은인일지 모른다. 어제까지만 해도 내가 무시한 주변의 인맥은 아닌가? 그런 일이 나에게는, 내 주변 에서는 없을 것이라고 믿는가?

언젠가는 도움이 필요할지 모르니 그때를 대비해 인맥을 많이 만들 어야 한다고 생각하기 쉽다. 그러나 인맥이라는 말을 버리면, 내 주변의 사람들 중에 중요한 사람, 중요하지 않은 사람은 따로 없다는 걸 알 수 있다.

사람은 모두 존귀한 존재이고 교감을 나눌 만한 가치가 있기 때문 에, 누구와 만나든지 소중한 인연으로 만들겠다는 마음가짐을 가져야 한다. 경비원, 사무실 청소 아줌마와 잘 지내는 사람이 성공할 가능성도 더 높다.

가까이 있는 사람과도 교감하지 못하는 사람이 생전 처음 보는, 내가 갑작스레 도움을 청해야 하는 사람을 인맥으로 만들 수 있을까? 그럴 리 만무다. 또 어찌 알겠는가. 아파트 경비 아저씨가 예전에는 내 아이가 다 니는 학교의 교감이나 교장 선생님일 수도 있다.

하지만 인맥의 한계와 필요성 때문에 진심으로 인맥을 넓히고자 한 다면 다양한 루트에서 인맥을 만들 수 있는 방법이 보일 것이다. 그 루트 를 찾아가기 위해서는 최소한의 접촉 수단, 즉 연결고리를 찾아야 한다.

그 연결고리는 멀리 있지 않다. 일상사에서 부딪치는 모든 사람이 인 간관계의 연속이며 만남의 연속이다. 새로운 인맥도 알고 보면 기존의 인맥에서 나왔을 가능성이 높다. 모든 사람은 여섯 단계를 거치면 다 연

                                      비즈니스 소울메이트

결된다고 하는 케빈 베이컨의 법칙도 있다. 우리나라와 같이 혈연, 지연, 문화, 문명의 단일성 공동체는 3.6단계만 거치면 아는 사람이 나온다는 연구 결과가 있다.

인맥의 확대는 수단과 방법의 확보 이전에 인맥을 확대하고자 하는 의지와 진정성, 개방적·공개적 자세가 더 필요하다. 자기 공개에 대한 막연한 불안감, 정보를 독점하려는 이기심, 대인 콤플렉스 등 내적인 마음의 제약이 가장 큰 장애물이다. 온라인 소셜 미디어인 트위터나 페이스북 같은 수단은 어느 정도 개인 정보를 공개함으로써 인맥의 네트워크를 활성화시키고 있다.

지금 당신과 이해관계 없이 만나고 있는 사람을 소중하게 여겨야 한다. 그가 바로 당신이 문제에 부딪혔을 때 생각지도 못했던 해답을 줄 수 있다. 평소의 인맥 관리가 그만큼 중요하다.

지금 아무 준비도 안 해놓는다면 나중에 문제가 생겼을 때 하늘에서 해답이 떨어지길 기다리는 수밖에 없다. 포장마차에서 외롭게 소주 잔이나 기울이면서 말이다.

미래를 위해 지금 눈앞에 있는 사람에게 투자하라. 그 사람의 지위가 높건 낮건, 연배가 많건 적건, 매일 마주하는 사람이건 아니건 만남의 형식이나 방법에 얽매이지 말고 상대에게 관심을 가져라. 그가 바로 당신이 어떤 문제에 부딪혔을 때 해결책을 제시해줄 '그냥 만났던 사람'이다.

06

자기 믿음이 없으면
오픈마인드도 힘들다

우리는 어떤 사람과 관계를 맺고, 그 관계를 발전시키려 한다. 인간적인 유대감에서 만족을 얻거나 비즈니스적인 문제를 그 사람의 도움으로 해결하려는 기대감이 있기 때문이다.

문제가 생겼을 때 우리는 그것을 해결하기 위해 어떤 방식으로든 상대에게 상황을 전달하는 과정을 거치게 된다. 이런 일련의 과정을 나는 '자기 공개'라 부른다.

하지만 남에게 자기 자신을 공개한다는 것이 어디 쉬운 일인가.

나의 경험에 따르면 자기 공개에 익숙한 사람들은 대체로 다음과 같았다.

● 자기 공개로 인해 양심의 가책을 받을 일이 없는 사람

- 실력이나 능력을 갖추어 자신감 있는 사람
- 과장이나 허풍이 있는데 정작 본인은 그것을 의식하지 못하는 사람
- 자신을 표현하는 데 주저하지 않고 부족한 부분은 바로 인정하는 사람
- 유연한 사고를 하는 사람
- 소셜 네트워크 서비스를 이용하는 사람(페이스북, 트위터 등 소셜 네트워크 서비스를 이용하고자 개인 정보를 기재하거나 회원 가입 후 그 서비스의 활용성을 알고 스스로 자신의 인맥과 정보를 공개하는 사람)

물론 자기 공개 행위는 그 사람의 성향뿐만 아니라 분위기나 여건 등에 의해서도 영향을 받을 수 있다.

내가 주목하는 자기 공개 타입은 넷째와 다섯째 성향을 가진 사람들이다. 즉 매사에 자신감이 넘치는 사람이 아닐지라도, 자신이 잘하는 것을 적극적으로 알리고 다른 사람이 나의 장점을 활용하도록 하며, 나의 부족한 부분이 무엇인지 공개하고 도움을 구하는 적극적이고 유연한 사고를 가진 사람, 또는 공개와 공유의 마인드를 소유한 사람이다.

이들은 오히려 자신감에 차 있는 사람보다는 자기 공개로 인해 발생할 수 있는 상대방의 평가나 시각 변화를 두려워하지 않는다.

반대로 자신감에 차 있는 사람은 만일 그 자신감이 약화되거나 무너지게 되면 잘못을 바로잡거나 자신의 생각을 빨리 바꾸지 못해 상황을

극복하지 못하는 경향이 있다.

　이제부터 자기 공개에서 한걸음 더 나아가 단순한 공개가 아닌 확실한 공개에 대해 말하려고 한다. 여러 가지 이유 때문에 조금씩 가리고 공개하는 것이 아닌, 속된 말로 까발린다 싶을 정도로 공개를 해야 한다고 말이다.

　문제의 핵심을 숨기고 주변의 상황만 공개하면서 문제 해결을 시도할 경우 상대로부터 필요한 도움을 얻어내지 못한다. 많은 시간과 비용을 다시 들인 후에야 문제의 핵심을 공개하는 우를 피했으면 하는 바람이다.

　자신의 마음을 드러내 보이는 '자기 공개', 그리고 속마음을 적나라하게 펼쳐 보이는 '확실한 공개'가 쉬운 일은 아니다.

　유연한 사고를 가진 사람, 그리고 공개와 공유의 마인드를 가진 사람이 남의 도움을 받아 문제를 해결하는 능력이 뛰어나니 그들을 본받으라고 말하면 그것은 "축구경기에서 이기려면 골을 많이 넣어라"는 것처럼 하나마나한 소리다.

　그러나 나는 분명히 말하고 싶다. '공개'는 성격의 문제가 아니다. 자기 공개는 자기 믿음이다. 외향적인 사람이 내향적인 사람보다 사교성이 좋고 말도 많이 하고 모임의 분위기도 주도하는 것은 맞다. 하지만 마음을 여는 것과는 다른 문제다. 백 마디 말을 던져도 내면 깊숙이 감추어진 욕망이나 애로 사항에 대한 진짜 정보는 하나도 들어 있지 않을 수 있다.

　　　　　　　　　　　　　　　비즈니스 소울메이트

외향적 성격은 자기를 공개하는 데 유리할 뿐이다. 공개하는 데에는 많은 말이 필요하지 않다. 내가 해결하고 싶은 문제를 말하기 위해 마이크 시설이 잘된 넓은 강당이 필요할까? 툭 지나가는 몇 마디 말로도 지금 나에게 절실한 문제와 내가 필요로 하는 것을 얼마든지 상대에게 전할 수 있다.

툭 던져보는 것. 그것은 외향적인 성격과 내향적인 성격 모두 가능하다. 나의 문제를 해결해줄 구원투수가 주변 사람일 수도 있고, 내가 모르는 누군가일 수도 있다는 점을 믿으면 된다. 그것이 공개의 시작이다.

마음을 연다는 건 신뢰의 문제다. 여기에서 '신뢰'는 상대방에 대한 신뢰뿐만이 아니라, 공개 자체가 가지는 효과를 믿는 것까지 포함한다. 나도 상대방도 모르는 공개로 인해 전개될 새로운 상황을 기대해도 좋다는 '공개의 긍정적 효과'를 말한다. 자기를 열어 보이고 자신이 원하고 필요로 하는 것을 공개적으로 드러낼수록 그 결과는 반드시 이익으로 돌아온다.

07

동반자를 얻으려면
당신의 매너에 솔직함을 더하라

자신을 공개하는 습관을 가진다는 것이 그리 쉬운 일은 아니다. 나만 정보를 공개하고 마는 것은 아닐까 염려하는 심리 게임에서 승리하는 사람들은 다음 세 가지 특징을 가지고 있다.

첫째, 내 카드를 먼저 보여준다.

한 사람의 인맥을 카드라고 생각해보자. 인맥의 교류 방식에서 대부분의 사람들은 상대의 카드를 먼저 보고 싶어한다. 나의 카드, 즉 나의 인맥을 먼저 드러내면 다른 사람들이 악용하거나 빼앗아가지 않을까 염려하기 때문에 상대의 카드부터 보려고 한다.

하지만 상대인들 쉽사리 자기 카드부터 보여주겠는가. 상대 역시 똑같은 생각을 하고 있을 것이다. 그래서 자기 카드는 손바닥 밑에 감추고 나의 카드만 궁금해한다.

나는 내 카드를 먼저 보여준다. 상대의 태도를 주시한 다음에 그러는 게 아니라 처음부터 나의 카드를 보인다. 먼저 나를 공개하는 것이다.

자신의 정보와 인맥을 상대에게 먼저 보였다고 해서 내가 손해 본다는 것은 어리석은 생각이다. 감추는 사람이 인맥을 얻는 것이 아니라 먼저 보여주는 자가 상대의 인맥을 얻게 된다. 상대가 나에 대해 알지 못하면 어떤 정보나 제안도 나에게 건넬 수 없다. 내가 먼저 공개함으로써 상대를 내 쪽으로 끌어들여야 한다.

둘째, 솔직한 사람이다.

대인관계를 다루는 많은 책들이 첫인상의 중요성을 강조한다. 그러다 보니 외모나 매너, 격식 등 남에게 보이는 면에 주안점을 두어 첫인상을 잘 관리하라고 조언한다.

그런 것이 왜 중요하지 않겠는가. 몇 번 만나지도 않았는데 내가 보이는 모습과 행동으로 인해 부정적인 평가를 받고 인간적 교류의 기회마저 잃는다면 그것은 참으로 억울한 일이다.

하지만 그 반대도 있다. 외모나 매너는 정말 좋은데 알고 보니 도둑놈이요 사기꾼인 경우다. 유창한 말솜씨에 말쑥하게 차려입은 사기꾼들이 판치는 것이 현실 사회의 모습이다.

어쨌거나 첫인상에는 데코레이션decoration이 범람한다. 그러나 길게 보고 만난다는 원칙이 있다면 어찌 첫인상이 문제가 될까. 시간을 두고 사귀면 진면목이 드러나게 되므로 외적인 부분만 지나치게 강조할 이유는 없다.

결국 만남이 짧을수록 첫 만남의 중요성이 강조되고, 인맥 관리에서

도 본인의 의사와는 상관없이 첫 만남에서의 느낌이나 인상이 영향을
미치게 된다.

첫인상을 일부러 나쁘게 할 이유는 없지만 첫인상에만 치우칠 필요
없이 상식과 예의를 갖춘다면 충분하다고 본다.

요즘 유행하는 소셜 네트워크 모임에 가보라. 만남 후 돌아설 때 당
신은 상대에게서 무엇을 보았는지, 그리고 자신은 상대에게 무엇을 보
여주었는지 생각해보라.

당신의 솔직한 마음을 상대방에게 전했는가? 아니면 깔끔한 복장,
깍듯한 매너, 유창한 언변으로 상대방의 기대치를 잔뜩 부풀렸는가?

부디, 당신이 오래도록 보고 배워온 매너에 솔직함을 더하라. 우리는
이제 닳고닳은 진부한 방식의 매너에서 자유로워져야 한다.

평생의 만남을 이어간다는 원칙으로 인맥을 관리하면 어떨까. 긴 호
흡으로 사람을 만나고 그들의 내면의 가치를 발견해보자. 한두 번 만남으
로 끝나는 철새 같은 모임일수록, 자신을 가리는 비공개의 만남일수록 형
식적인 매너만 중시되는 것 같다. 매너로, 그럴듯한 첫인상으로, 인맥을
넓히는 방법은 곧 한계에 부딪힐 것이다.

어눌한 말투가 인간미를 풍기고, 한결같은 모습으로 말과 행동의 일치
를 보여주는 사람들. 부족함이나 실수를 인정하는 솔직한 사람들. 그런 사
람들을 첫 만남에서 찾을 수 있다면 나는 그것을 행운의 만남이라 부르고
싶다.

셋째, 먼저 주는 사람이다.

비즈니스를 하면서 먼저 상대방에게 주어본 적이 있는가? 사람은 누

구나 상대에게 뭔가 줄 수 있는 것을 가지고 있다. 꼭 물질적인 것이 아니라도 자신의 장점을 살려 상대에게 제공할 수 있는 것이 있다.

인맥 관리와 비즈니스의 목적이 돈을 버는 것이라 할지라도, 다른 방법으로 얼마든지 상대방을 도울 수 있다. 내가 가진 사업상의 정보를 제공할 수도 있고, 상대가 사업상 필요로 하는 인맥을 제공할 수도 있다. 사업이 힘들 때 나의 지혜를 빌려주고, 위로와 격려로 힘을 줄 수도 있다.

나는 벤처기업 경영에 나름의 경험과 지식을 가지고 있다. 수년 전 대학교수의 창업을 도운 적이 있었는데, 나중에 그 기업은 코스닥에 상장되는 사업적인 성과를 거두었다. 지금은 벤처기업 CEO인 그분은 수시로 나를 찾아와 짧은 시간 동안이라도 경영에 관한 자문을 구하곤 했다.

내가 줄 수 있는 것은 금전적인 투자도 아니었으며, 내가 그 기업에 직접 관여할 수도 없는 상황이었다. 당시 나는 바쁜 일정에도 불구하고 기업을 일구려는 그분의 열정에 감동해 나의 부족한 지식이나마 기꺼이 내드리곤 했다. 결국 기업은 성공을 거두었고, 그분이 감사의 표시로 내게 주었던 주식은 후일 제법 큰돈이 되어주었다.

나는 상대방을 도울 능력이 없다는 생각에서, 또는 받은 것도 없다는 생각에서 먼저 도움을 주지 않았다면 후일 예상치 못한 소득이 들어오는 일은 없었을 것이며, 그 기업의 성공을 보는 기쁨도 없었을 것이다.

먼저 주는 것, 그것은 내가 의도하든 의도하지 않든 간에 상대방에게 감동을 준다. 나는 그분으로부터 결과적으로 큰 보답을 받았지만, 지금도 그분은 옛일을 생각하며 고마워한다. 상대방이 어려운 시기에 내가 먼저 주었기에 가능한 일이다.

인맥을 넘어 비즈니스까지, SNS는 기본이다

인맥을 넓히고 싶다는 생각이 절실히 들 때는
마음이 통하는 친구를 사귀고 싶다는 이유보다는
개인적인 어려움이 있거나 비즈니스적인 필요를 느꼈을 때다.
필요할 때만 잠시 인맥 관리를 했다가
그 순간이 지나면 잊어버리는 상황이 반복되지 않으려면
평소에 인맥을 확대하고 지속적인 교류를 가져야 한다.
인맥 교류의 장으로 급부상한 온라인 소셜 네트워크는
새로운 의사 소통 수단으로서 유행을 넘어 대세가 되었다.
인맥도 넓히고, 비즈니스의 성공도 돕는 효과적인 방법으로,
선택사항이 아닌 필수사항이다.
이제 활용의 문제만이 남아 있다

01

시대가 변해도
'자기 공개'는 변하지 않는다

소셜 네트워크란 무엇인가? 위키백과에는 다음과 같이 나온다.

"웹 사이언스의 연구 분야 중 하나로, 웹 상에서 개인 또는 집단이 하나의 노드node가 되어 각 노드들 간의 상호의존적인 관계tie에 의해 만들어지는 사회적 관계 구조를 말한다.

노드는 네트워크 안에 존재하는 개별적인 주체들이고, 타이tie는 각 노드들 간의 관계를 뜻한다. 소셜 네트워크 분석Social Network Analysis은 수많은 노드들과 그 노드들 사이의 무수히 다양한 관계들로 인해 계산론적으로 접근하기에 매우 복잡한 분야다."

여기서 설명하는 개념에 따르면 소셜 네트워크는 웹에서 출발하고 있지만, 사실 우리는 사회생활 속에 보이지 않는 '소셜 네트워크'가 엄연히 존재해왔음을 경험적으로 잘 알고 있다.

지역사회, 학교, 종교단체, 직장 등의 일원으로서 우리는 다른 사람들과 네트워크되어 있다. 다만 네트워크의 실체는 애덤 스미스가 경제 이론에서 이야기한 '보이지 않는 손'의 개념과도 유사하다. 온라인 소셜 네트워크가 인터넷을 통해 비주얼하게 보여주는 반면, 전통적인 소셜 네트워크는 직접 대면한 모습을 보기 전에는 그 관계를 알 수 없는 일종의 '깜박거리는 네트워크'라 부를 수 있다.

이제 우리는 온라인 네트워크에 참여하는 것을 배제하면 네트워크 방식의 절반을 잃게 되는 시대에 살고 있다.

정보통신의 발달과 더불어 스마트폰의 확산 덕분에 네트워킹을 실시간으로, 그리고 일시에 여러 명을 접촉할 수 있게 되었다.

내가 소중하게 생각하는 사람들이 온라인이란 공간으로 이동해 장시간 머무르고 있다. 그렇다면 그들을 만나기 위해서라도 그들이 있는 곳으로 가야 한다.

그런데 흥미로운 상황이 온라인 소셜 네트워크 현장에서 일어나고 있다. 내가 '63모임'이나 각종 오프라인 모임에서 그토록 강조해왔던 '자기 공개'가 이곳에서는 아주 자연스럽게 이루어지고 있다. 얼굴을 마주 보는 상황에서도 자기를 드러내기를 꺼리던 사람들이 개인 인적사항은 물론 비즈니스 영역, 취미와 관심사까지 스스럼없이 공개하고 있다.

예전에 우리는 자기소개를 할 때 아주 절제된 가운데 겸손하게 자신을 표현해왔다. 솔직한 모습을 내보이거나, 나서기 좋아하면 무례한 사람으로 취급받았다. 하지만 이제는 그런 모습이 장점이 되는 시대다.

페이스북이나 트위터, 또는 각종 온라인 소셜 네트워크 공간으로 찾아가 보라. 자기소개나 공개가 경쟁적으로 이루어지고 있다. 페이스북이나 트위터에 사진을 올리지 않고 자기를 소개한다고 해보자. "이건 뭐지? 사진도 없이 무성의하게", "얼굴이 안 보여 신뢰할 수 없다"며 무시당하기 쉽다.

10년 이상 '자기 공개'의 철학으로 인맥의 네트워크에 주력해왔던 나로서는 자기 공개를 핵심으로 하는 온라인 방식이 이제야 사람들에게 익숙해지기 시작했다는 점에서 약간의 아쉬움마저 느끼고 있다. 한편으로는 온라인에서나마 나의 면면을 공개할 때 나의 주장이 다른 사람에게 별 거부감 없이 받아들여진다는 점에서 다행이라는 생각도 든다.

내가 대표 운영자로 있는 링크나우 여의도 포럼에서 실험을 하나 해보기로 했다. 내 얼굴 사진을 내리고 빈 상태로 놔둔 것이다. 그러자 주변 사람들이 왜 사진을 올리지 않느냐고 끊임없이 물었다. 자기 공개의 필요성을 자연스럽게 인식하기 시작한 것이다.

당분간 사진이 없는 상태로 둘 계획이다. '거봐라, 자기 공개가 이렇게 중요하다. 그러니 당신들도 사진과 정보를 공개하라'라는 시위인 셈이다.

10년 전 오프라인 모임에서나 현재의 온라인 소셜 네트워크 공간에서나 내가 하고 싶은 이야기는 변함이 없다. 자신을 최대한 공개하고 네트워크 상대방을 찾아보라는 것이다. 친구가 찾아오도록 내 정보를 공개해서 그 길을 안내하라는 것이다. 어두운 세상을 밝히는 등불과 같이 '공개'의 불빛이 사람들을 나에게로 이끌어줄 것이다.

페이스북 같은 공간에 나의 프로필 공개를 망설일 이유가 없다. 남들이 보기에 부족한 학력이나 경력일지라도 용기를 내어 자세히 공개해보길 바란다. 소셜 네트워크, 즉 인맥 구축은 그렇게 이루어진다.

또한 나는 소셜 네트워크 서비스, 소셜 커머스, 소셜 미디어 등 다방면에서 언급되고 있는 '소셜'에 오프라인적인 요소가 반드시 병행되어야 한다고 생각한다.

단순히 엔터테인먼트의 목적에서만 '소셜'을 활용하겠다면 몰라도, 후일을 위한 네트워크의 목적, 더 나아가 비즈니스의 목적까지 염두에 두고 있다면 온라인 참여만으로는 한계가 있다. 온라인을 통한 만남과 협의도 이뤄질 수 있지만, 비즈니스가 계약 직전까지 이르렀을 때 과연 얼굴도 안 보고 계약서에 서명할 수 있겠는가. 여기에도 균형 감각이 필요하다.

02

효과가 2배인
SNS를 활용하라

나는 얼마 전에도 한 건 했다. 친구가 큰 프로젝트를 따는 데 일조한 것이다. 그 프로젝트는 '사랑의 골프공'이란 이름으로 한 대기업이 후원을 해서 다문화 가정이나 장애우들을 돕는 기부문화 사업이다. 골퍼들이 라운딩을 시작할 때나 라운딩을 마치고 마지막 홀을 나올 때 가지고 있는 골프공을 기부하면 그 골프공의 판매 수익금을 가지고 기부 사업을 하게 된다.

아이디어도 참신하고 취지도 좋았다. 그런데 문제는 골퍼들이 골프공을 기부하려면 그 기부의 취지에 공감해야 하는데, 누가 골퍼들을 설득할 것인가였다. 결국 골퍼의 라운딩을 돕는 캐디들의 협조를 구하는 것이 가장 좋은 방법이라는 결론을 내렸다.

하지만 프로젝트의 성공을 위해서 관련 단체나 기관, 언론사의 협조를 받는 문제만 생각했을 뿐, 캐디의 협조라는 부분에 대해서는 구체적인 대안이 없는 상태였다. '캐디'와 관련된 인맥이나 정보가 관건이었다.

나는 '이 문제를 내가 풀 수 있지 않을까?' 하는 막연한 기대감을 품고 친구와 헤어졌다. 그리고 바로 내가 즐겨 찾는 소셜 네트워크 서비스 공간에 글을 올렸다.

"현직 캐디로 일하시는 분 찾습니다. 당사자이거나 지인이 있으면 연락 또는 추천 부탁합니다. 좋은 일로 협의드리고자 합니다. 감사. 핸편 01×-×××-××××."

글을 올리자마자 댓글이 올라왔다.

평소 온라인에서 활동을 많이 하던 함현진 교수였다.

"내일 전화 드리라고 하겠습니다."

나는 함 교수가 어떻게 캐디 분야에 종사하는 사람을 알까 하고 궁금했는데, 더 묻지는 않았다. 어쨌든 그렇게 간단한 몇 줄의 글을 게시판에 올리는 것으로 캐디 출신의 여성을 소개받았다. 그런데 그분은 단순한 캐디가 아니었다. 가평 부근의 골프장에서 캐디를 관장하는 경기운영팀장 출신으로 현재는 골프 관련 사업을 추진하고 있었다.

그분을 만나고 나니 내가 잘 모르는 분야에 대한 호기심이 슬슬 발동했다.

단지 사람을 찾아보려는 목표를 뛰어넘어 요즘 골프장의 트렌드와 캐디들의 업무 특징, 그리고 캐디들의 협조를 받으려면 어떻게 해야 하는지 등을 물어보았고, 생각지도 못했던 상세한 정보를 안내받았다. 나는 바로 '사랑의 골프공'이란 기부 프로젝트를 추진하는 친구에게 상황

　　　　　　　　　　　　　　　　　　　　비즈니스 소울메이트

을 전달하고 미팅을 주선해주었다. 온라인 소셜 네트워크 서비스를 활용해 친구의 문제를 간단히 해결한 것이다.

그것은 매우 기분 좋은 경험이다. 마치 바다에 낚싯대를 드리우고 물고기를 잡는 것처럼, 광활한 온라인 네트워크에 메시지를 띄우고 댓글이 붙으면 물고기를 낚아 올리는 기분이다.

소셜 네트워크 서비스의 장점은 오프라인 방식에 비해 시간과 비용 면에서 매우 효율적이라는 것이다. 그렇다면 어디로 가서 소셜 네트워크 서비스를 활용할 수 있을까?

줄여서 SNS라고 부르기도 하는 소셜 네트워크 서비스는 친구, 선후배, 동료 등 지인과의 인맥을 강화하고 새로운 인맥을 쌓으며 폭넓은 인적 네트워크를 형성할 수 있도록 해주는 온라인 서비스다. 인터넷에서 개인 정보를 공유할 수 있게 하고, 의사소통을 도와주는 1인 미디어, 1인 커뮤니티이기도 하다. 국내의 대표적인 소셜 네트워크 서비스로는 싸이월드, 미투데이 등이 있다. 1999년에 시작된 싸이월드는 이용자들이 개인의 일상사와 살아가는 이야기를 올리고 일촌 맺기를 통해 인맥을 확장해가는 서비스다.

그 밖에도 트위터, 페이스북 같은 소셜 네트워크 서비스가 있다. 이 책에서 각각의 소셜 네트워크 서비스의 내용까지 자세히 소개할 필요는 없을 것이다. 더 관심 있는 사람은 《페이스북, 무엇이고 어떻게 활용할 것인가》(구창환 외 지음), 《트위터 140자의 매직》(이성규 지음) 등을 참고하길 바란다.

일반적인 소셜 네트워크 서비스 외에 비즈니스맨을 위한 서비스로 비즈스페이스, BNI, 링크나우 등이 있는데, 이에 대해서는 나중에 별도로 설명하기로 한다.

온라인 소셜 네트워크에 나의 용건을 툭! 던져라

내가 혼魂자수의 대가 이용주 작가를 만난 것은 KT(한국통신)에 다니는 후배를 통해서였다. 내가 각계각층에 인맥이 있으니 이용주 작가의 작품 활동에 도움을 줄 수 있지 않을까 했던 것이다.

이용주 작가는 자수를 놓을 바탕그림을 비단 위에 사실적으로 정밀하게 그린 뒤 그 바탕그림에 맞게 일일이 염색한 실을 가지고 한 땀 한 땀 수를 놓는다.

나는 미술에는 문외한이었으나, 다른 사람을 만날 때에 그랬던 것처럼, 궁금한 점들을 일일이 물어보았다. 그리고 그의 작품 소장자들의 면면을 알고는 깜짝 놀랐다. 나나무스쿠리, 엔리오 모리코네, 블랙 아이드 피스, 스티브 맥커리, 셀린 디온 등 설명이 필요 없는 세계적인 유명인사들이었다.

그렇다면 작품 판매 수입이 꽤 될 것이라고 생각했다. 하지만 예상은 빗나갔다. 수입이 일정하지 않다는 게 문제였다. 작품이 팔리지 않을 때는 거의 소득이 없기 때문에 생활이 안정적이지 못하다고 했다.

이용주 작가는 어려운 형편 속에서도 자신의 작품세계를 알리고자

〈예수님 생애전〉이라는 전시 작품을 기획하였다. 예수님의 탄생과 부활, 승천 등을 묘사한 94점의 자수를 완성하기까지 수년이 걸렸다고 한다.

그와 몇 차례 더 만남을 가지면서 인간적인 유대를 더해갔으며, 그의 작품 세계에 대해서도 더 깊이 이해하게 되었다. 그럴수록 그에게 구체적인 도움을 주지 못하는 것이 아쉬웠다. 나의 인맥을 머릿속으로 죽 훑어보았지만 미술품에 조예가 깊다거나, 미술품을 수집한다거나, 혹은 관련 분야에 종사하는 사람이 떠오르지 않았다. 당연히 사업적으로 연결해줄 방법이 없어 마음이 답답했다.

어느 날 그와 소주를 한잔하고 집에 돌아와 컴퓨터 앞에 앉았는데, 문득 이런 생각이 들었다. 내가 운영하는 온라인 소셜 네트워크인 비즈스페이스 회원들에게 이메일을 보내보면 어떨까. "이용주 작가님에게 도움을 줄 수 있는 분?" 하지만 나는 잠시 머뭇거렸다

아무 성과도 없이 그의 체면만 깎는 것은 아닐까? 마치 한강에 돌멩이 하나 던지는 것과 같은 일은 아닐까? 이런 생각이 잠시 들었지만 '이메일이나 한번 툭! 날려보자' 하고는 약 300명의 회원에게 이용주 작가에 대한 소개와 도움이 필요한 부분을 간단히 정리하여 이메일로 보냈다.

다음 날 수신 이메일을 뒤져보았지만 그에 대한 회신은 한 통도 없었다. 그런데 한 친구로부터 전화가 걸려왔다. "아는 후배가 건물을 가지고 있는데 그 건물에 갤러리 현이란 곳이 입주해 있거든. 그 갤러리에 이 작가님 작품을 전시해보면 어떨까?" 하는 것이었다.

친구는 갤러리에 공간이 제법 많은데 그 빈 공간에 작품을 전시한다

면 갤러리와 이 작가가 서로 윈-윈하는 것이고, 작품 판매가 된다면 더 좋은 일 아니냐고 했다. 한 달 후 이용주 작가의 작품은 갤러리에 전시되었고, 판매도 이루어졌다.

어느 날 이용주 작가로부터 전화가 왔다. 이태원에 있는 자신의 아파트를 거주 겸 전시 공간, 즉 하우스갤러리로 활용하고 있었는데 생활이 여의치 않아 다른 곳으로 이사해야 한다고 했다. 그런데 이사 가는 집은 협소해서 작품을 놓아둘 곳이 없다고 했다.

나는 이용주 작가를 통해 예술 창작 하는 분들의 어려움을 이해하게 되었고, 그의 반복되는 경제적 어려움을 보면서 안타까움이 컸다. 좋은 후원자가 나타나 한방에 모든 것을 해결해줄 수는 없을까? 외국의 경우 작가를 후원하는 재력가나 후원자가 많다고 들었건만 대한민국의 현실은 다르구나 싶었다. 세계적 명사들이 소장하는 작품의 작가가 자신의 작품을 놓아둘 곳조차 없다니…….

이 작가의 작품을 보관할 장소가 없을까 생각하던 중 지난번 기억이 떠올랐다. 내가 아는 사람들에게 직접 도움을 구할 수 없다면 모르는 사람한테라도 도움을 청해보자. 그래서 내가 운영하는 비즈스페이스에 글을 올린 뒤 회원들에게도 다음과 같은 내용의 이메일을 발송했다 "혼魂자수의 대가 이용주 작가님의 작품을 보관할 공간이 7~8평 정도 필요한데 도움 주실 분? 단 습기가 차면 안 됩니다."

다음 날 나는 호기심 어린 마음으로 수신자 이메일을 열어보았다.

오 생큐! 이번에는 친구 조영빈 사장이 이메일을 보내왔다 "양지IC 쪽에 전원주택이 있는데, 건물 내에 있는 여유 공간을 활용하면 어떻겠

   비즈니스 소울메이트

나?” 하는 것이었다. 나는 조 사장이 양지에 전원주택이 있다는 것은 전혀 알지도 못했거니와 알았다고 한들 선뜻 공간을 내어줄 거라고는 예상하지 못했을 것이다.

이번에도 온라인 모임 참가자들을 향해 이메일을 툭! 던져본 것뿐인데 성과는 기대 이상이었다.

이것은 시사하는 바가 크다. 상대방에게 툭! 메시지를 전달해본다는 것. 소셜 네트워크에서 ‘느슨한 관계(weak ties: 미국의 사회학자 마크 그라노베터가 논문 〈약한 연대의 강한 힘〉에서 사용한 용어)’를 비즈니스에 활용하는 전형적인 방법이다.

온라인상에서의 커뮤니케이션은 더욱 그러하다. 간혹 온라인 게시판에는 여러 종류의 글이 툭! 툭! 올라온다. “사람을 찾는다”, “사업을 도와달라”, “방법을 가르쳐달라” 등등.

글을 올리는 사람은 불특정 다수로부터 전부 협조를 구하는 경우도 있겠지만 단 한 사람의 도움이나 대답을 얻고자 하는 경우도 있다(이런 경우 스팸메일 취급을 받을 수도 있겠지만 일단 네트워크에 연결된 사람들은 서로 정보를 공유하려는 입장임을 전제로 하자).

온라인 커뮤니케이션 방식으로 이용주 작가를 도운 사례를 앞에서 소개했지만 독자들도 얼마든지 자신이 속한 온라인 커뮤니티에서 활용할 수 있을 것이다. 커뮤니티 운영자이거나 관리자로서 이메일 발송이나 게시판에 글 올리는 권한을 가졌는지 여부는 중요하지 않다. 그보다는 먼저 “온라인을 활용할 것인가”를 판단해야 한다. 그러한 결심이 서면 자신이 속한 커뮤니티나 혹은 다른 적합한 커뮤니티를 통해서 자신의 의사를 전달할 수 있는 커뮤니케이션 방법을 찾아 활용하면 된다.

온라인상에서 다른 사람과 가벼운 네트워킹 방식을 통해 문제를 해결한, 속된 말로 '손맛'을 느껴본 사람이 상당수 있으리라 생각한다. 이 글을 읽는 독자들도 시도해보길 바란다.

취업을 희망하는 경우, 내가 모르는 지식을 구하고자 하는 경우, 법률적인 문제로 고민하는 경우 등 자신의 고민을 소셜 네트워크의 온라인에서 공개함으로써 다른 사람의 참여를 구해보자. 내가 구하고자 하는 것을 온라인에 툭! 던져보자. 이것이 온라인 네트워크의 매력이고, 누구 예측하기 어려운 숨은 가능성이다.

03

SNS를 활용한 비즈니스,
소셜 커머스

소셜 커머스를 계열사에 도입해서 사업적으로 활용하려는 시도를 한 적이 있다. 계열사는 대규모 복합 상업시설을 운영하는 회사로 약 3만 평 규모의 대형 시설을 갖추어 크고 작은 업체들이 입점해 있다.

당시 국내 소셜 커머스 업계의 선두주자인 티켓몬스터라는 회사의 임원과 팀장을 초청했다. 상업시설 전부를 돌아보게 한 뒤 적합한 입점 업체를 선택해서 소셜 커머스 방식을 적용해서 입점 업체의 판매를 도우려는 생각이었다. 그 소셜 커머스 업체는 시설을 돌아보았지만 그 자리에서 구체적인 제안을 하지 않았다.

그렇게 서너 달이 흘렀다. 어느 날 아침, 다른 소셜 커머스 업체의 홈페이지를 보다가 깜짝 놀랐다. 내가 처음에 접촉한 소셜 커머스 업체가 아닌 다른 경쟁업체가 우리 상업시설 입점 업체와 개별적으로 협의해서 상품을 올린 것이다.

더 놀란 것은 구매자 수와 판매 금액이었다. 의류 구매 상품권을 거의 반값에 판매하고 있었는데, 구매자가 이미 1000명을 넘었고, 금액은 수억 원을 넘기고 있었다.

나는 바로 복합 상업시설을 운영하는 계열사 회장님과 내가 당초 추천한 소셜 커머스 업체 임원 그리고 팀장에게 전화를 걸었다. 그들도 뒤늦게 상황을 파악했다. 다들 어안이 벙벙해졌고 침묵이 흘렀다. 기회를 놓친 것이다.

우리는 이제 소셜 네트워크에 참여해서 여러 가지 일을 한다. 친구도 만나고, 사업도 하고, 쇼핑도 한다. 소셜 커머스를 통해 사업자는 대량 판매의 경로를 찾고, 소비자들은 좋은 물건을 싼 가격으로 구매할 수 있게 된 것이다.

소셜 커머스social commerce란 '소셜 네트워크 서비스를 통해 이루어지는 전자상거래'를 말한다. 일정한 시간 내에 일정한 수 이상의 구매자가 모일 경우 50퍼센트 할인 등 파격적인 할인가로 상품을 제공하는 판매 방식이다.

공연 티켓, 레스토랑 이용권, 카페, 미용 관련 소규모 사업자의 상품이 대량 판매되는 경우가 많고, 레저, 패션, 가전제품, 식품 등을 취급하기도 한다. 앞으로 판매하는 상품의 범위는 계속 확장될 것이다.

상품 구매를 원하는 사람들이 가격을 할인받기 위해 공동구매자를 모으는 과정에서 주로 소셜 네트워크 서비스를 이용하기 때문에 소셜

　　　　　　　　　　　　　　　비즈니스 소울메이트

커머스란 이름이 붙었다. 2005년 야후의 장바구니pick list 공유 서비스인 쇼퍼스피어Shoposphere를 통해 처음 소개되었다.

2008년 미국의 온라인 할인쿠폰 업체 그루폰Groupon이 공동구매형 소셜 커머스의 비즈니스 모델을 처음 만들어 성공을 거두었고, 이후 국내에 본격적으로 알려지기 시작했다. 스마트폰 이용이 늘어나고 소셜 네트워크 서비스 이용이 대중화되면서 새로운 소비 시장으로 주목받고 있다.

소셜 네트워크에 참여한 독자라면 소셜 커머스를 통해서 한 번쯤 구매 경험을 해보는 것도 좋을 것이다. 국내에 대표적인 곳으로는 티켓몬스터, 위메이크프라이스, 쿠팡 등이 있다.

비즈니스맨을 위한 SNS

소셜 네트워크 참여자 중에는 비즈니스 목적을 가진 사람이 의외로 많다. 이처럼 소셜 네트워크에 참여해서 이루어지는 비즈니스를 총칭하여 편의상 '소셜 네트워크 비즈니스'라 부르자.

넓은 의미에서는 소셜 네트워크 서비스의 일종이지만, 사업가나 비즈니스맨들이 비즈니스를 제안하거나 제안받는 곳으로 활용하는 온-오프라인 공간을 망라하는 의미이기도 하다. 아직 국내에는 크게 성공한 모델이 없지만, 소셜 네트워크에 참여한 사람들은 비즈니스 목적의 활용이라는 측면에서 확실한 효용성을 느끼고 있는 것으로 생각된다.

특히 비즈니스적인 요구 사항이 있는 경우에는 온라인상의 활동만으로는 목적을 달성하기 어렵다. 그래서 오프라인의 만남이 병행된다. 관련 '소셜 네트워크 비즈니스' 서비스 회사에서도 회원들의 오프라인 모임을 권하고 있다. 국내에서 소셜 네트워크 비즈니스 서비스를 제공하는 곳은 비즈스페이스, 링크나우, BNI 등이다.

❖ 비즈스페이스 www.bizspace.kr

비즈스페이스는 사람을 사귀는 것과 비즈니스, 두 가지를 목표로 하는 사이트다. 사람을 사귀는 플랫폼만 제공하는 곳이 대부분인 소셜 환경에서 비즈니스 측면에서 차별화되어 있다. 인맥도 넓히고 사업적 성과도 동시에 추구한다.

1999년 벤처기업의 경영진이나 간부들을 중심으로 시작된 친목 도모 모임으로, SNS의 개념이 도입되어 발전한 사이트다. 국내에서 '소셜 네트워크 비즈니스'의 개념을 최초로 도입한 63모임이 출발점이 되었고, 법인화를 거쳐 지금은 온라인 서비스와 오프라인 모임을 병행하여 운영되고 있다. 친목 도모도 하고 비즈니스 기회도 창출하는 모임이 가능함을 보여주는 사례다.

일촌 같은 개념은 없지만, 회원들이 서로 인맥 데이터를 공유하고 인맥의 확장을 돕는다는 점과 이를 지원하기 위해 운영진이 활동한다는 점, 비즈니스 거래를 통해 이익이 발생했을 때 이해 당사자 간에 수익을 나눌 수 있다는 점이 비즈스페이스만의 특별한 점이다. 다양한 사업 내용이 제시되고 있고, 성공 사례들이 계속 나오고 있다.

❖ 링크나우 www.linknow.kr

링크나우는 미국의 링크트인을 벤치마킹한 것으로 보이는 소셜 네트워크 사이트로, 비즈니스 인맥을 주제로 한다. 회원으로 가입한 후 지역 모임이나 취미 모임 혹은 직능별 모임 등을 선택할 수 있다.

프로필을 작성한 후 공개할 항목을 선택하면 자신과 공통분모를 가진 인맥을 살펴볼 수 있다. 화면이 단순해 사용이 편리하다는 장점이 있다.

또한 내가 찾고자 하는 사람의 이름, 회사 등을 검색하여 인맥을 넓힐 수 있다. 그래서인지 웹2.0의 기본에 충실하다는 평가를 받는다. 비즈니스 회원 서비스를 신설하여 활발하게 활동하는 사람들을 대상으로 여러 가지 혜택을 부여하는 차별화된 서비스를 선보이고 있다.

사실 링크나우를 통해 많은 사람들과 일촌을 맺는다고 하더라도 연락도 하지 않고 교류도 없다면 그 인맥은 무용지물이다. 인맥을 만드는 진짜 핵심 역할은 자신이 해야 한다.

❖ BNI   www.bnikorea.com

비앤아이는 사업을 하는 사람들에게 네트워크의 장을 마련해주고 있다. 챕터chapter라는 모임을 만들어, 그 모임 안에서 자신의 비즈니스를 소개하고 외부 사람들에게도 소개함으로써 서로 돕는다. 오프라인 중심으로 모임이 이루어지고 있다. 미국에서 시작되어 세계 각국에 지사를 두고 있으며, 한국에도 지사를 두고 있다.

   비즈니스 소울메이트

나만의 SNS를 구축하라

"네가 누구를 만나는가에 따라 너의 인생이 달라진다."

선배들이 이런 이야기를 하곤 했다.

나는 마흔 살 무렵에 인맥 구축의 필요성을 깨달았다. 내가 어떤 문제에 부딪혔을 때 그것을 해결하기 위해서는 결국 남의 힘을 빌려야 한다는 아주 간단하고도 자명한 이치를 느꼈기 때문이다. 이에 대해서는 앞에서 오프라인 소셜 네트워크인 63모임을 만들고 운영한 이야기를 통해 어느 정도 설명되었다고 본다.

돌이켜보면 그런 소셜 네트워크 구축 시기가 조금이라도 빨랐다면 좀 더 힘 있고 활용성이 높은 네트워크로 발전했을 것이라고 확신한다. 그런데 불행히도 나에게 그런 네트워크를 구축하라고 조언해준 선배는 없었다.

사회생활을 시작할 때 해야 할 중요한 것이 있다. 자신이 주도하는 네트워크를 구축하는 것이다. 온라인, 오프라인에 인맥을 구축해야 한다.

얼마 전 우리 모임의 회원이 한 가지 제안을 했다. 서울에 있는 M대학의 경영대학 학생들에게 그들의 미래 비전을 가꾸어가는 데 도움이 될 만한 이야기를 해달라는 것이었다. 그러면서 인맥 관리나 소셜 네트워크에 관한 이야기를 하면 어떻겠느냐고 했다. 나의 일정 문제로 강의는 하지 못했지만, 그때 사회 초년생들에게 하고 싶었던 이야기가 바로 그것이다.

여기서 좀 더 생각해볼 것이 있다. 이미 만들어진 소셜 네트워크에 참여할 것인가, 아니면 자기 주도의 소셜 네트워크를 만들어 운영할 것인가.

이것은 사람이 평생 살 집을 구하지 못하면 남의 집을 전전하게 되는 것과 마찬가지로 내가 만든 소셜 네트워크를 갖지 못하면 남이 만든 네트워크를 따라 이리저리 이동하면서 인간관계를 맺는 것과 같은 이치다.

나의 네트워크는 내가 원하는 대로 가구를 배치하고 좋아하는 색상으로 도배를 할 수 있는 내 집과 같다. 나의 네트워크 안에서는 내가 지향하는 이상이나 비전을 담을 수 있고, 뜻이 맞는 참여자를 초대해서 함께 만들어가고 공유해갈 수 있다. 즉 내 비전에 맞추어 내가 주도적으로 키워가는 공간이 된다.

다른 사람들과 소통하는 네트워크 공간을 만들기 위해서는 일회성에 그치지 말고 꾸준한 시간과 노력을 투자해야 한다. 그렇게 네트워크를 키워 나가다 보면 여러 가지 유용한 정보나 인맥을 발견하게 되고, 그 인맥과 정보들이 계속 새로운 인맥과 정보를 날라다 준다. 그러다 보면 금전적 수입이 발생하고 다른 사람을 도울 수도 있는 재미있고도 유익한 나의 공간이 된다.

당신이 사회에 막 진출한 대학생으로, 아르바이트를 구한다고 해보자. 아마도 가까운 친척에게 부탁하거나, 온라인상의 아르바이트 관련 정보를 뒤질 것이다.

이때 당신은 여러 아르바이트 자리를 놓고 저울질을 하게 된다. 당신이 일차적으로 선택할 수도 있지만 다른 누군가에게 조언을 구해야 하지 않을까? 다른 사람과 상의하는 과정에서 새로운 정보가 들어와 더 좋은 자리를 구할 수도 있다.

이렇게 당신이 의견을 구하는 공간이 바로 당신의 인맥 네트워크다. 조언을 구할 공간이 없다면 당신은 당신이 가진 정보만으로 선택할 것이다. 반면 그런 공간이 있다면 비교하고 선택하는 과정을 거치게 된다. 이것은 하나의 예에 불과하다. 인생의 중요한 고비마다 인맥 네트워크는 당신의 선택을 결정하는 중요한 계기가 될 것이다.

선택의 경로에 서서 당신을 도와주는 사람들이 바로 당신의 인맥 네트워크다. 그런데 그 선택의 경로에서 도와줄 사람이 없다면 당신은 반쪽짜리 경험과 지식을 가지고 선택을 하게 된다.

직장을 선택하는 일, 배우자를 선택하는 일, 창업 아이템을 선택하는 일, 중요한 소송이나 법률 문제에 부딪혔을 때 변호사를 선택하는 일, 병에 걸려 좋은 의사를 선택하는 일 등등 수많은 선택의 기로에서 당신은 혼자 판단하기보다는 인맥 네트워크를 활용할 수 있어야 한다.

그렇다면 지금 당장 소셜 네트워크의 공간을 만들기 시작해야 한다. 문제에 직면했을 때 허둥지둥 해답을 찾기보다는 사회생활을 시작하면 서부터 미리 준비해두어야 한다. 이런 결정은 빠를수록 좋다.

SNS 시대에도 변하지 않는
내 사람 만드는 법

나의 졸저 《롱런관계》를 출간할 때쯤 모임을 함께하고 있는 중견소설가 임영태 작가님에게 조언을 구했다. "글은 어떤 때에 쓰는 것이 좋습니까?" 대답은 의외로 평이했다. "그거야 하고 싶은 말이 쌓이면 말을 하고 싶은 욕망이 생기고, 그때 글을 쓰면 되지요."

그렇다면 지금 나로 하여금 이 글을 쓰게 하는 욕망은 무엇인가?

최근 트위터, 페이스북 같은 소셜 미디어의 등장과 소셜 미디어를 바탕으로 하는 각종 소셜 네트워크 서비스의 등장이 나를 더욱 자극한다.

12년 전 오프라인 소셜 네트워크 모임인 '63모임'을 시작으로 지속적으로 소셜 네트워크에 참여하면서 나의 문제와 친구들의 문제를 해결하기 위한 노력을 회원들과 함께해왔다. 하지만 그것은 나만의 작은 성공으로 끝나가는 느낌이다.

나는 소셜 네트워크에서 성공하는 방법으로 '자기 공개'의 중요성을 강조한다. 그런데 나를 잘 아는 오랜 친구들조차 진지하게 귀를 기울이는가 싶더니 이렇게 물어본다. "그래서? 자네가 하는 방식으로 해서 성공한 사례가 있나?"

그러면 나는 많은 사례들을 소개하며 친구를 설득하기에 나선다. "응! 사례가 많이 있지" 하면서 본문에서 언급한 사례들을 소개하고, 소셜 네트워크의 방법과 성과를 조목조목 이야기한다. 그런데 친구는 내 이야기를 다 듣고 나서 마지막으로 결정적인 말을 건넨다.

"자네 이야기는 알겠는데…… 그건 자네니까 할 수 있었던 것 같아." 그럴 때 나의 자괴감은 이루 말할 수 없다. 인맥과 정보를 공유해가면서 어떤 문제에 부딪혔을 때는 서로 도와주고 협력하자는 취지에서 모임을 만들고 운영해온 지난 12년간의 노력이 허사가 되는 느낌이다.

이러한 자괴감에서 벗어나기 위해서, 그리고 가까이는 친구들을, 멀리는 소셜 네트워크에 관심 있는 누군가를 설득해보기 위해서 지난날을 정리해서 책으로 낸 것이《롱런관계》였다.

한데 불과 채 2년도 되지 않아 아이러니한 상황이 펼쳐지고 있다. 온라인 소셜 네트워크 서비스의 등장이 바로 그것이고, 페이스북, 트위터가 그것이다.

많은 사람들이 환호하고 있다. 온라인 소셜 네트워크의 시대가 도래했다고. 개인에서부터, 기업체, 관공서, 정부까지 나서면서 소셜 네트워크의 세상이 되었다. 스마트폰을 이용해서 페이스북에 글이나 사진을 올리지 못하면 시대에 뒤지는 느낌마저 들고, 온갖 종류의 출판물이 범람하는 지경에 이르렀다.

이상하게도 지난날 내가 그토록 '자기 공개'를 주장해왔음에도 시큰 둥한 반응을 보이던 친구들이 지금은 '자기 공개'에 열광적으로 나서고 있다.

페이스북, 트위터 등 각종 소셜 네트워크 서비스에 참여하고자 스스로 옷 벗기(?)에 나서는 것이다. 물론 이들 서비스는 회원 가입을 조건으로 개인의 신상 정보를 요구하고 있다. 이것이 또한 회원들이 서로 네트워킹하여 문제를 풀어가는 데 좋은 수단임을 안내하고 있는 것이다.

내가 이루지 못한 것! 하지만 내가 바라는 네트워크의 방식이 도래하였음에 기뻐하면서도 다시 걱정이 앞선다.

과연 소셜 네트워크에 참여하는 저 많은 사람들이 과거 오프라인 소셜 네트워크에서 실패한 것을 온라인 소셜 네트워크에서 만회할 수 있을까. 네트워크에는 변하지 않는 기본 원칙이나 지켜야 할 사항 그리고 세부적인 방법론이 많이 숨어 있기 때문이다.

소셜 네트워크에 참여하는 사람들의 본질적 욕망은 달라지지 않았다. 본질은 무엇인가? 자신의 욕구나 니즈를 온라인 소셜 네트워크를 통해서 다른 사람의 도움을 받아 풀어내려는 것이다. 결국 예나 지금이나 본질은 변한 것이 없다.

다만, 온라인상의 소셜 미디어가 새로운 수단이 되었을 뿐이다. 소셜 네트워크 서비스를 통해서 나의 생각과, 나의 경험과, 나의 지식을 다른 사람들에게 펼쳐 보이고 나의 문제를 해결하려는 것이다. 이제 만남의 광장이 오프라인에서 온라인으로 옮겨졌고, 수단이 바뀌었을 뿐이다.

그런데 과거 오프라인 소셜 네트워크에서 이루지 못한 일을 온라인 소셜 네트워크에서는 성공적으로 이루어낼 수 있을까 하는 의문이 남는다. 시대가 변하고, 네트워크의 수단이 변하고, 생각이 변했다고 해도 결국 근본적인 것은 변하지 않았다. 즉 다른 사람의 도움을 받아 나의 욕구나 니즈를 해결하고자 하며, 그 방법으로 '자기 공개'를 택하고 있다는 것이다.

그렇다면 이제 내가 경험한 지난 12년간의 오프라인과 온라인의 소셜 네트워크 경험을 토대로 말하고자 하는 바는 더욱 또렷해지고 간결해지는 셈이다.

나의 첫 책 《롱런관계》에 이어 이번에도 독자들에게 미안하지만 같은 이야기를 되풀이할 수밖에 없다.

"욕구를 해결하려거든 소셜 네트워크에 당신을 펼쳐 보이고, 당신의 욕구를 펼쳐 보여라!" 하고.